La pérdida ambigua

Colección Terapia Familiar

Pauline Boss

La pérdida ambigua

Cómo aprender a vivir con un duelo no terminado

Traducción:
Isabel Campos Adrados

Herder

Título original: Ambiguous Loss
Traducción: Isabel Campos Adrados
Diseño de la cubierta: Dani Sanchis

ISBN: 978-84-254-5300-7

Imprenta: Qpprint
Depósito legal: B-17.563-2025
Printed in Spain - Impreso en España

Herder
www.herdereditorial.com

Índice

A Ellie

Agradecimientos

Desde 1974 he sido terapeuta de familia y de pareja, así como profesora, y he dirigido investigaciones en dos universidades estatales conocidas por su apoyo al empirismo: la Universidad de Wisconsin-Madison y la Universidad de Minnesota. Pero fue el año que pasé en el Judge Baker Children's Center de Boston el que reavivó mi interés por el análisis narrativo y el valor que tiene escuchar las historias de la gente. Durante el año académico de 1996, fui profesora invitada de psicología del Departamento de Psiquiatría de la Harvard Medical School en el Judge Baker Children's Center. Estoy profundamente agradecida a Stuart Hauser, presidente del centro y profesor de Psiquiatría de la Harvard Medical School, por haber hecho posible ese año, y por consiguiente, este libro. También agradezco a mis colegas del Judge Center y de Cambridge, que me proporcionaron nuevas ideas. Mis agradecimientos son extensibles a los estudiantes de posdoctorado en prácticas del National Institute of Mental Health, que contribuyeron a entusiasmarme mientras discutíamos sus investigaciones sobre la familia.

Vivir en Cambridge, durante el año que pasé en el Judge Baker Children's Center, me proporcionó el entorno que necesitaba para escribir este libro. No me hubiera sido posible moverme por allí si no fuera por el apoyo generoso de la Fundación Bush, bajo la forma de un Premio Sabático Bush.

En el verano de 1996 visité también la Universidad McGill de Montreal, donde escuché a terapeutas cree y esquimales, y a estudiantes licenciados. Agradezco, por hacer que eso fuera posible y por sus útiles comentarios sobre la pérdida ambigua, a Laurence Kirmayer, director de la División de Psiquiatría Transcultural y profesor de Psiquiatría de la Universidad McGill, y a Herta

Guttman, psiquiatra jefe del Royal Victoria Hospital y profesora de Psiquiatría de la Universidad McGill.

Este libro se basa en las investigaciones y la práctica clínica que llevé a cabo desde 1973 hasta el presente año. Estoy profundamente agradecida a los que me proporcionaron el apoyo inicial para comprobar una idea que surgió de mis observaciones clínicas y, como ahora sé, mi experiencia personal. El Center for Prisoner of War Studies (Family Branch) del U.S. Naval Health Research Institute de San Diego; la University of Wisconsin-Madison Graduate School; la University of Wisconsin Experiment Station; y, desde 1981, la University of Minnesota Experiment Station y el Departamento de Ciencias Sociales, me proporcionaron el respaldo económico para las investigaciones sobre la pérdida ambigua por ausencia física.

Mi investigación sobre la pérdida ambigua por ausencia psicológica la financió, de 1986 a 1991, el National Institute on Aging, con la subvención de proyecto n.º l-POI-AG-06309-01, proyecto n.º 5, intitulado «El impacto psicosocial de la demencia en la familia y los cuidadores de los pacientes con la enfermedad de Alzheimer», del que fui la investigadora principal; la University of Minnesota Experiment Station; el Departamento de Ciencias Sociales de la Familia; y la University of Minnesota Graduate School. Esa investigación se condujo en cooperación con el Veterans Administration Hospital de Minneapolis.

La University of Minnesota All-University Council on Aging financió el proyecto de investigación denominado «El bienestar del cuidador en las familias norteamericanas nativas con demencia», a lo largo de 1992-1993. La University of Minnesota Experiment Station y el Departamento de Ciencias Sociales de la Familia también proporcionaron fondos para ese proyecto.

Estoy agradecida, por haberse leído los primeros borradores y ofrecido ideas que ayudaron a que este libro fuera posible, a mis colegas David Reiss, Jan Goldman, Beatrice Wood, John DeFrain, Terrence Williams, Wayne Caron, Deborah Lewis Fravel, Joyce Piper y Lori Kaplan; y a los estudiantes de posgrado Raksha Dave Gates, Ciloue Cheng Stewart, Cary Sherman y Kevin Doll. Agradezco también a Sungeun Yang, que proporcionó el conocimiento técnico para la preparación final del manuscrito. Estoy en deuda con mi editora, Elizabeth Knoll, que me salvó de mí misma cuando me salí del camino y me adentré en la jerga académica y en el laberinto de la teoría.

Estoy profundamente agradecida a todas las personas y familias con las que aprendí a lo largo de los años. Me han enseñado a ver, y no solo a teorizar de un modo abstracto. Con profundo amor y aprecio, agradezco en especial a mi madre, Verena Magdalena Grossenbacher-Elmer, que a los ochenta y siete años sigue viviendo en su propia casa al sur de Wisconsin, donde participa activamente de las actividades de la familia, los amigos, la iglesia y la comunidad. Cuando voy a visitarla, veo las pinturas de mi padre en cada pared, las labores de ganchillo de mi abuela en cada habitación y las fotos de mi hermana, tan recientes, en cada mesa. Son los recuerdos de los ausentes de mi familia; pero, a través de esos símbolos de su presencia, mis hijos, mis nietos y yo experimentamos una sensación de orgullo y estabilidad a pesar de los cambios.

Por fin, agradezco a mi marido, Dudley Riggs, que supo por su propia experiencia cómo apoyarme mientras escribía, y lo hizo sin vacilar.

1. El duelo congelado

Crecí en una comunidad de inmigrantes del Medio Oeste, donde todos a mi alrededor habían venido de otros lugares. A comienzos de la década de 1900, mis padres y abuelos cruzaron el Atlántico en busca de una vida mejor en los fértiles valles del sur de Wisconsin. Pero esta vida no siempre fue mejor, pues se habían roto los lazos con familiares queridos que permanecían en Suiza. Sus cartas llegaron por lo menos hasta la Segunda Guerra Mundial, pero eran agridulces. Terminaban siempre con frases como: «¿Nos volveremos a ver algún día?». Recuerdo que mi padre se quedaba melancólico durante días tras recibir una carta de su madre o de su hermano. Y mi abuela materna suspiraba sin cesar por su madre allá en su tierra natal. Ella sabía que nunca volverían a encontrarse, porque la pobreza y, más tarde, la Segunda Guerra Mundial, impedían el viaje. La nostalgia se transformó en una parte central de mi cultura familiar. Nunca supe muy bien quién formaba parte de la familia, o dónde estaba realmente mi hogar. ¿En el viejo país o en el nuevo? ¿Eran de verdad mi familia esas personas a las que nunca había llegado a ver o encontrar? No las conocía, pero me daba perfecta cuenta de que mi padre y mi abuela sí las tenían presentes. Muchas veces, parecían estar muy lejos con el pensamiento. Nunca llegaron a superar la pérdida de esos familiares queridos, y en consecuencia los que vivíamos con ellos también experimentábamos la ambigüedad de la ausencia y la presencia.

La familia tal como yo la consideraba de pequeña, o sea, una familia al estilo Walton en una granja del sur de Wisconsin, no era el mismo retrato que mi padre o mi abuela materna hubieran pintado. Su versión familiar incluiría a gente con la que yo nunca me había encontrado, parientes del otro lado del Atlántico que solo existían en su memoria. Como una parte de lo que para ellos consistía la «familia» se encontraba siempre fuera del alcance físico, y como además vivíamos en una comunidad donde residían numerosos inmigrantes, la nostalgia se consideraba normal. Era tan corriente anhelar a los familiares lejanos que, desde muy pequeña, sentí curiosidad por esa pérdida sin nombre y esa melancolía que nunca desaparecía. Me rodeaban por todas partes. Muchas veces, escuché cómo mi padre decía, con su fuerte acento, a los extranjeros jóvenes que venían a pedirle consejos: «No se aparten de su tierra por más de tres meses, o ya nunca sabrán dónde está su hogar». Me preguntaba qué quería decir con eso.

Durante más de cuarenta años, me mantuve arraigada en esa comunidad de inmigrantes, mi pueblo natal, y hacía el viaje de ida y vuelta a la cercana Universidad de Wisconsin, en Madison, en la cual estudié y de la que, más tarde, fui profesora. Cuando por fin me trasladé, comprendí las palabras de mi padre. Aunque mi mudanza a las ciudades gemelas de Minneapolis y St. Paul fue mínima en comparación a la suya, también yo me sentí confusa sobre dónde estaba mi hogar. No solo pensaba mucho en la gente de allí, sino que me negué a vender mi casa del pueblo y la mantuve amueblada, como si fuera a volver en cualquier momento. Sin embargo, a medida que pasó el tiempo, me di cuenta de que una ciudad grande ofrecía aventura y emociones. Me puse a buscar una nueva casa (un pequeño ático en un edificio de carruajes) y nuevos amigos. Mis hijos venían a verme durante sus vacaciones en la universidad y en el trabajo, y yo hablaba mucho por teléfono con mi hermana y mi madre. Con tales oportunidades para las visitas, la nostalgia duró poco. Tuve claro dónde quería estar, pese a que todos los miembros de mi familia vivieran en otros lugares.

Aunque siempre sentí alguna inquietud sobre lo que perdí al dejar mi pueblo natal, eso no me paralizó. Las cosas me resultaron más fáciles que a mis mayores, puesto que ni la pobreza ni la guerra mundial habían cortado mis lazos familiares inmediatos. Sin embargo, el traslado del pueblo a la metrópoli me conmocionó. En mis momentos de vulnerabilidad, mi familia estaba allí para ayudarme. Un día encontré, delante del buzón de correos, un paquete pesado, envuelto en papel pardo y atado con una cuerda de carnicero, que ostentaba un gran número de sellos. Era una caja de zapatos repleta de patatas cultivadas por mi padre. Mi madre había escrito: «Hazte algo de sopa. Te ayudará a sentirte en casa ahí». Y así fue.

La familia que existe en la cabeza de las personas es más importante que la que registra en su libreta el tomador de datos del censo, sobre todo cuando los miembros de una familia cada vez se apartan y se trasladan con más frecuencia a causa de las exigencias del trabajo, el desempleo, las rupturas familiares, las guerras o, sencillamente, por elección propia. La experiencia de la inmigración proporciona una visión especial sobre cómo las personas aprenden a prescindir de aquello a lo que estaban acostumbradas para poder adoptar lo nuevo. En las familias inmigrantes, los relatos personales ilustran el agridulce legado de ambigüedad referente a la presencia y la ausencia, sobre todo cuando la familia psicológica no concuerda con la que está físicamente presente. A menos que esas familias solucionen la pérdida ambigua —la pérdida incompleta o incierta— que es inherente al desarraigo, y logren alguna congruencia entre la familia psicológica y la física, el legado de un duelo congelado puede afectar a su descendencia a lo largo de las generaciones siguientes y agravarse a medida que ocurran, de forma inevitable, más pérdidas corrientes.[1] Ese es el legado de la inmigración y la migración que yace en el fondo de muchos problemas familiares y personales.

He trabajado, en calidad de investigadora y terapeuta familiar, con más de cuatrocientas familias, y estoy convencida de que estas constituyen una entidad psicológica tanto como física. Lo que espero es un cierto grado de congruencia entre la composición física y la psicológica de la familia, puesto que, si los niños y los adultos ignoran a quienes se perciben como presentes o

1 Aquí la expresión «pérdida ambigua» se circunscribe a las relaciones personales. Los psiquiatras escriben sobre la ambivalencia y los sociólogos sobre la permeabilidad de los límites y la confusión de los papeles, pero ninguna de esas expresiones capta el sentido que atribuyo a la pérdida ambigua.

ausentes en ambos casos, es posible que no logren un desempeño óptimo. A las personas les resulta difícil funcionar con normalidad sin saber quién está presente de forma completa y cotidiana para ellos en cuanto familia.

En cierto sentido, utilizo la palabra «familia» de forma imprecisa, pero mi criterio es, sin embargo, riguroso. Entiendo por familia ese grupo íntimo de personas con las que uno puede contar a lo largo del tiempo para obtener consuelo, cuidados, alimentación, apoyo, sustento y proximidad emocional. La familia puede estar constituida por las personas con las que nos criamos (lo que se denomina la familia de origen) o por las que elegimos en la edad adulta (la familia de elección). Esa última puede incluir a los descendientes biológicos y no biológicos, o no incluir descendientes. En vez de eso, uno puede ser el «tío» o la «tía» de los niños de algún pariente o amigo, o el padrastro o la madrastra del hijo de la pareja. Ese concepto de la familia subraya el criterio de la presencia psíquica y física más que el de parentesco biológico.

No siempre tenemos totalmente claro quién pertenece a la familia, incluso en nuestra propia familia. La composición de una familia cambia en la mente de sus miembros al tiempo que se modifican las condiciones y se pierden algunos miembros mientras que otros se añaden. La familia real con frecuencia no resulta obvia para alguien de fuera, pero los terapeutas profesionales que trabajan con parejas y familias necesitan saber quién hace o no parte de ella. Cuando las personas experimentan una pérdida ambigua que les ocasiona confusión y estrés, la familia psicológica adquiere una importancia especial en los esfuerzos para disminuir el dolor. No obstante, debe existir cierta congruencia entre lo psicológico y lo físico para que la familia pueda funcionar bien.

A pesar de que la literatura clínica prácticamente no se ha pronunciado sobre la pérdida ambigua, ese fenómeno siempre ha constituido materia para la ópera, la literatura y el teatro. En esos géneros, se embellecen las pérdidas que se mantienen vagas e inciertas. Penélope, de Homero, aguarda al marido desaparecido; el padre de *Todos eran mis hijos*, de Arthur Miller, insiste en que su hijo está vivo, mucho después de un fatal accidente de avión. Fantaseamos lo que no entendemos y disfrutamos con historias como la espera de la mujer de Ulises y Madame Butterfly de Puccini. Las situaciones que menos se comprenden excitan el inconsciente. Para el que las vive, sin embargo, la ambigüedad de la espera y las suposiciones son todo menos románticas. La pérdida ambigua es siempre estresante y, a menudo, atormenta. La información sobre ella pertenece a la literatura de la psicoterapia, así como a la de las artes. Quizá la razón por la que pocos, exceptuando a los artistas, han escrito sobre la pérdida ambigua es que es muy común en la vida de las personas. Por supuesto, el fenómeno no es nuevo, pero sí lo es su clasificación y descripción a partir de la investigación clínica y la observación.

De todas las pérdidas que se experimentan en las relaciones personales, la pérdida ambigua es la más devastadora, porque permanece sin aclarar, indeterminada. Una antigua poesía infantil condensa el sentimiento angustioso de la incertidumbre:

> Subí las escaleras
> cuando me encontré a un hombre que no estaba allí.
> Hoy tampoco estaba.
> Ah, cómo me gustaría que se marchara.

Ahí vemos el absurdo de no estar seguro sobre la presencia o la ausencia de alguien. Las personas anhelan la certeza. Hasta el conocimiento cierto de la muerte es preferible a la continuación de la duda.

Considérese a una anciana, en Bosnia, que abraza un cráneo descarnado al que toma por su hijo, basándose en la prueba imprecisa de un zapato familiar que se ha encontrado cerca. Esa mujer sufre un tipo único de pérdida que desafía la conclusión, en el que la situación del ser amado con respecto a estar allí o no permanecerá incierta indefinidamente. No se puede decir con seguridad si el ser amado está vivo o muerto, recobrándose o muriendo, presente o ausente. No solo falta información sobre el paradero de la persona, sino que tampoco existe la constatación, oficial o de la comunidad, de una pérdida: no hay certificado de defunción, ni el luto de la *shivah*, ni funeral, ni cuerpo, ni algo que enterrar. La incertidumbre hace que la pérdida ambigua sea la más estresante de todas, por lo que origina síntomas no solo dolorosos, sino que, a menudo, también se los pasa por alto o se los diagnostica de forma equivocada. Coja cualquier periódico y usted encontrará alguna historia de ese tipo único de pérdida: un avión que se ha estrellado en una zona pantanosa de Florida y ha dejado anonadadas a muchas familias, porque es imposible encontrar los cuerpos de sus seres queridos; una madre que cuelga lazos amarillos por el hijo que desapareció de forma misteriosa hace una década; el hijo de un piloto abatido a tiros en alguna parte del sudeste asiático, y que todavía espera que su padre salga caminando un día de la jungla. La pérdida ambigua es siempre una consecuencia de la guerra y la violencia, pero actúa de forma todavía más insidiosa en la vida diaria. Los compañeros se marchan, los niños también, los vaqueros son tiroteados, los padres envejecen y se vuelven olvidadizos. El ansia de certidumbre absoluta raramente se satisface, incluso en las relaciones que se suponen permanentes y predecibles.

La pérdida ambigua puede ocasionar problemas familiares y personales, no porque exista un defecto en la psique de aquellos que la experimentan, sino por situaciones fuera de su control o impedimentos exteriores que obstaculizan el proceso de rematar la pérdida y el duelo. La terapia que se basa en el reconocimiento de la ambigüedad de la pérdida libera a las personas para que entiendan la pérdida, le hagan frente y sigan adelante después de que ella ocurra, incluso si permanece sin aclaración. La premisa principal en la que se fundamenta la terapia es: cuanto mayor la ambigüedad que rodea una pérdida, más difícil resulta dominarla y mayores son la depresión, la ansiedad y el conflicto familiar.

Percibir como presentes a los seres queridos que físicamente se han marchado, o considerarlos ausentes cuando están físicamente presentes, puede hacer que las personas se sientan impotentes y, por eso, más proclives a la depresión, la ansiedad y los conflictos en las relaciones.[2] ¿Cómo hace eso la pérdida ambigua? En primer lugar, porque la pérdida es desconcertante, y las personas se quedan desorientadas y paralizadas. No saben cómo tomarse la situación. No pueden solucionar el problema porque todavía desconocen si este (la pérdida) es definitivo o temporal. Si la incertidumbre continúa, es frecuente que las familias respondan en términos absolutos y actúen como si la persona se hubiera ausentado por completo, o, por el contrario, nieguen que algo haya cambiado. Ninguna de las dos reacciones es satisfactoria. En segundo lugar, la incertidumbre impide que las personas se adapten a la ambigüedad de su pérdida reorganizando los papeles y las normas de su relación con los seres queridos, por lo que las relaciones de pareja o familia se congelan en esa situación. Si todavía no han apartado a la persona que ha desaparecido física o psicológicamente, se agarran a la esperanza de que las cosas vuelvan a ser como eran. En tercer lugar, se les priva a esas personas de los ritos que acostumbran a dar soporte a una pérdida clara, tales como el funeral después de una muerte en la familia. Apenas existen ritos para los que sufren una pérdida ambigua. La comunidad a su alrededor no llega a comprobarla, por lo que la validación de lo que experimentan y sienten esas personas es escasa. En cuarto lugar, el absurdo de la pérdida ambigua recuerda a las personas que la vida no siempre es racional y justa; por consiguiente, los que presencian tal cosa tienden a apartarse, en lugar de proporcionar el apoyo vecinal que ofrecerían en el caso de una muerte en la familia. Por último, como la pérdida ambigua se prolonga indefinidamente, los que la padecen me refieren que la incertidumbre implacable los deja agotados física y emocionalmente.

2 Ya en 1970, el doctor Aaron Lazare descubrió que el duelo sin resolver a menudo contribuía de forma primordial a la angustia de los pacientes que solicitaban los servicios de salud mental. Analizó brevemente las incertidumbres sobre una pérdida y las dificultades subsiguientes. Véase A. Lazare, «The difference between sadness and depression», *Medical Insight* 2 (1970), pp. 23-31; y A. Lazare, *Outpatient Psichiatric: Diagnosis and Treatment*, Baltimore, Williams & Wilkins, 1989, pp. 381-397. Véase también K. J. Doka (comp.), *Disenfranchised Grief*, Nueva York, Lexington Books, 1989.

La ambigüedad, en ese tipo especial de pérdida, puede derivarse tanto de la falta de información sobre ella como de la percepción conflictiva de la familia sobre qué miembros son considerados como presentes o ausentes en el círculo íntimo. Por ejemplo, los hijos de un militar desaparecido en combate no poseen información sobre el paradero del padre y también desconocen si está vivo o muerto, pero los hijos de una pareja divorciada es posible que sepan dónde está el padre, y que incluso lo vean, pese a lo cual pueden discrepar de la madre sobre si él todavía forma parte de su familia o no.

Existen dos tipos básicos de pérdida ambigua. En el primero, los miembros de la familia perciben a determinada persona como *ausente físicamente*, pero presente psicológicamente, puesto que no es seguro si está viva o muerta. Los militares desaparecidos en combate y los niños raptados ilustran ese tipo de pérdida en su forma catastrófica. Sucesos más cotidianos de esa variedad incluyen las pérdidas en los casos de divorcio y, asimismo, en las familias adoptivas, donde se percibe al padre o al niño como ausentes o desaparecidos.

En el segundo tipo de pérdida ambigua, se percibe a la persona como presente físicamente, pero *ausente psicológicamente.* Ilustran los casos extremos de esa condición las personas con la enfermedad de Alzheimer, los drogadictos y los enfermos mentales crónicos. Ese tipo de pérdida ocurre también cuando una persona sufre un traumatismo craneal grave y, tras permanecer un tiempo en coma, despierta como una persona distinta. En situaciones más usuales, también protagonizan esa categoría las personas que tienen una preocupación excesiva con el trabajo u otro interés exterior.

En los capítulos que siguen discutiremos los dos tipos de pérdida ambigua, sus efectos y cómo las personas viven con ella, pero antes es necesario diferenciar de forma más clara la pérdida ambigua y las reacciones que ocasiona de la pérdida común.

En ambos tipos de pérdida ambigua, los que la padecen tienen que enfrentarse a algo muy distinto de la pérdida corriente y bien definida. La pérdida habitual más obvia es la muerte, un acontecimiento que la comprobación oficial codifica: el certificado de defunción, la ceremonia del funeral, el entierro ritual, la sepultura o la dispersión de las cenizas. En el caso de una muerte, todos están de acuerdo en que ha ocurrido una pérdida permanente y se puede dar comienzo al duelo. La mayoría de las personas se enfrenta a ese tipo de pérdida con lo que se podría denominar de luto normal. En este, como escribió en 1917 Sigmund Freud en *Duelo y melancolía,* la recuperación tiene como meta la renuncia a los lazos con el objeto amado (la persona) y que, con el tiempo, se invierta en una nueva relación. Ese es el difícil trabajo del duelo, pero es un proceso del que se tiene la intención de que concluya en determinado momento. Desde esa perspectiva, se espera de las personas emocionalmente sanas que resuelvan la pérdida y busquen nuevas relaciones, y que además lo hagan con cierta rapidez.

Sin embargo, algunos reaccionan a las pérdidas, incluso las bien definidas, con lo que Freud denominó melancolía patológica y los terapeutas llaman hoy melancolía o duelo complicado, en el que la persona permanece fijada al objeto perdido y preocupada con él. Lo ejemplifican el viudo que se niega a comer, el niño huérfano que tiene rabietas y la viuda que se aísla.

No obstante, en el caso de la pérdida ambigua, la melancolía o el duelo complicado puede constituir la reacción normal a una situación compleja: el registro interminable de un campo de batalla que realiza la madre de un soldado desaparecido; los arrebatos de ira de un hijastro, cuando se excluye por completo a su padre biológico; la depresión y el aislamiento de una esposa porque su marido ha sufrido una lesión cerebral y ya no es el mismo. La incapacidad para resolver esas pérdidas ambiguas se debe a la situación *exterior,* no a defectos internos de la personalidad. Y la fuerza exterior que congela el dolor es la incertidumbre y la ambigüedad de esa pérdida.

Cuando las personas que sufren una pérdida ambigua buscan tratamiento y se las evalúa del modo tradicional, a menudo parece que funcionan mal y muestran síntomas que se pueden diagnosticar fácilmente, como la ansiedad, la depresión y las enfermedades somáticas. La pregunta que los terapeutas y los médicos deberían añadir a su repertorio diagnóstico es la siguiente: ¿Sufre este paciente alguna pérdida ambigua que justifique su parálisis? La incertidumbre de ese tipo de pérdida puede disminuir la energía e interponerse en la actuación incluso de las personas que, por lo demás, están sanas.

Por supuesto, las personas con pérdidas poco claras no deberían culparse, o culpar a otros miembros de la familia, por su duelo congelado. Tampoco los médicos tendrían que limitarse a evaluar la dinámica interna del paciente. Al contrario de la muerte, una pérdida ambigua puede nunca llegar a permitir que la persona que la sufre logre el despego necesario para un cierre normal del duelo. La ambigüedad, de la misma forma que complica la pérdida, complica el proceso de duelo. Este no puede empezar porque la situación se encuentra indefinida. Se la siente como una pérdida, pero no lo es de hecho. La confusión congela el proceso de duelo. Las personas caen en picado de la esperanza a la desesperación, remontan, y así sucesivamente. Con frecuencia, surgen la depresión, la ansiedad y las enfermedades somáticas. Esos síntomas afectan primero al individuo, pero pueden irradiarse como el efecto de una ondulación sobre toda la familia, pues se hace caso omiso de esas personas o, aún peor, se las abandona. Los miembros de la familia se preocupan tanto con la pérdida que se apartan unos de otros. La familia se transforma en un sistema donde no hay nadie dentro.

Es cierto que ese escenario se desarrolla con distintos grados de severidad en función de la familia y de la naturaleza de la pérdida. Para verificar cómo la pérdida ambigua afecta a una familia contemporánea, examinemos los problemas del señor y la señora Johnson, quienes, a pesar de que no estaban debilitados, se distanciaban cada vez más.

El señor Johnson, ejecutivo de una gran empresa, me llamó para verificar si podía traerme a su esposa para hacer psicoterapia. Un psiquiatra la estaba tratando con medicamentos de una depresión y le había recomendado que hiciera también terapia familiar. Cuando la pareja llegó a su primera consulta, parecían dos extraños en la sala. No se relacionaban entre sí en absoluto, aunque lo hicieron conmigo. Ambos relataron sentimientos de confusión acerca de su matrimonio y que «no lo lograban aclarar».

«Nuestro matrimonio es una fachada; ya no hay calor», dijo la señora Johnson. Se evidenció que ella se había sentido sola durante muchos años. El señor Johnson permanecía fuera de la ciudad gran parte del tiempo o se quedaba muchas horas en la oficina. Ella nunca sabía cuándo llegaría él a casa, o siquiera si vendría. Explicó cómo se comportaba él cuando venía a casa: «Está sumamente ocupado; no habla sobre nada ni pregunta por mi vida ni por los niños. Yo le cuento las cosas, pero no parece interesado». Un año antes, ella le había echado en cara su distanciamiento y él había explotado: «Mi carrera merece la pena mucho más que nuestra relación. ¡Yo preferiría estar de viaje!» Ella se había quedado anonadada; desde entonces, se había deprimido cada vez más, y apenas lograba pasar el día. Los dos hijos de la pareja cursaban en esos momentos la enseñanza secundaria, por lo que la necesitaban menos, y hacían una breve aparición por la cocina antes de meterse en sus habitaciones individuales, con sus propios televisores, ordenadores y teléfonos. Asimismo, después de tantearla un poco, la señora Johnson reveló que su madre también «la estaba dejando», porque «se deslizaba hacia la demencia».

La familia Johnson estaba cargada de pérdidas ambiguas. Aunque ni el marido ni la mujer podían identificar lo que estaban experimentando, más allá de los síntomas depresivos tan evidentes de la señora Johnson, en esa familia las pérdidas ambiguas estaban pasando factura a todos de un modo insidioso. El matrimonio se encontraba vacío, al igual que la familia. Para que la depresión de la señora Johnson se aliviara, habría que modificar el sistema (sus hijos estaban dispuestos a ello, el marido no, y la madre no podía hacerlo) o la señora Johnson tendría que cambiar y aprender a aceptar la ambigüedad que la rodeaba. Ella necesitaba aclararse acerca de quiénes estaban perdidos de forma irremediable (y pasar el duelo correspondiente) y quiénes todavía seguían disponibles, con relaciones que se podrían estimular, revitalizar y comenzar de nuevo o reestructurar. Ese proceso constituyó la base para nuestra terapia de pareja y de familia, durante la cual utilicé los conocimientos que había adquirido a lo largo de los años sobre los efectos devastadores de la pérdida ambigua.

El estudio de la pérdida ambigua

La investigación que me capacitó para identificar el fenómeno de la pérdida ambigua se llevó a cabo con las familias de los pilotos que habían sido declarados desaparecidos en combate en Vietnam y Camboya. Era el año 1974, y yo colaboraba con el Estado Mayor en el Center of Prisoner of War Studies en el U.S. Naval Health Research Institute de San Diego. Entrevistamos en sus casas a las viudas de los desaparecidos, y por ellas me enteré por primera vez del poder de la ambigüedad para complicar la pérdida. Procuré averiguar cómo aliviarles el estrés a pesar de la ambigüedad con la que estaban obligadas a vivir, en muchos casos para siempre. No solo había falta de información, sino que tampoco existía la confirmación oficial de una pérdida. Las entrevistas con cuarenta y siete familias de MIA [siglas en inglés de *missing in action,* desaparecidos en acción], llevadas a cabo en California, Hawái y Europa, mostraron que el hecho de que una esposa continuara manteniendo psicológicamente presente en la familia al marido cuando este se encontraba ausente físicamente, afectaba de forma negativa tanto a ella como a su familia. Cuando la esposa lo mantenía presente psicológicamente con el fin de obtener apoyo emocional y ayuda en la toma de decisiones, la familia mostraba un mayor grado de conflicto y un nivel más bajo de funcionamiento.

En una familia, por ejemplo, no se disciplinaba a los niños revoltosos porque la madre siempre decía: «Esperad a que llegue vuestro padre». En otro caso, la esposa postergaba decisiones económicas porque su marido siempre se había encargado de ellas. Por lo general, la salud emocional de la esposa mejoraba si desistía de buscar pruebas de la vuelta del marido y se implicaba en nuevas relaciones. Ese estudio, que demostró que la presencia de un miembro de la familia es mensurable psicológicamente, aunque no físicamente, fue el primero en evidenciar que la pérdida ambigua es estresante y conduce a síntomas depresivos. También señaló que ni la presencia ni la ausencia físicas dicen todo en relación con quién está dentro o fuera de la vida de las personas, puesto que también existe la familia psicológica. Esos hallazgos, así como los de otros estudios, respaldan la tesis de que la pérdida ambigua es la más difícil de las que uno puede tener que enfrentarse, y también que, en las familias, la ausencia y la presencia son fenómenos psicológicos a la par que físicos.

Actualmente, más de doscientas familias todavía especulan sobre el paradero de sus seres queridos, únicamente a causa de la guerra del Vietnam. De vez en cuando, si la situación política lo permite, llegan pequeños restos humanos: un diente o un fragmento de hueso. Sin embargo, incluso tras la comprobación por parte de los forenses, las familias nunca saben con seguridad si esa parte del cuerpo pertenece de hecho al familiar desaparecido, ni si este se encuentra realmente muerto, puesto que es posible que esos fragmentos diminutos se extrajeran de alguna persona viva. No obstante, desgastadas por la espera, la mayoría de las familias aceptan enterrar lo que al fin obtienen como suyo. Un cierre simbólico es preferible a ninguno. Pero otras se niegan a aceptar que su caso está cerrado y presionan a los funcionarios, aquí y en Vietnam, para que prosigan con la búsqueda.

En 1987, para comprobar mi teoría en situaciones más cotidianas de ausencias físicas en las familias, estudié a ciento cuarenta madres y padres de mediana edad cuyos hijos adolescentes acababan de marcharse de casa.[3] Las familias eran en su mayoría euroamericanas de clase media. En esa población, marcharse de casa representa una transición confusa más que bien delimitada, en la que los adolescentes mayores están tanto dentro como fuera de la familia. Constaté que, cuanto mayor era la intensidad con que los padres percibían al adolescente ausente como si todavía estuviera presente, más estrés sufrían. En concreto, pensar mucho en los hijos, echarlos en falta, especular sobre dónde es-

3 P. Boss, D. Pearce-McCall y J. S. Greenberg, «Normative loss in midlife families: Rural, urban, and gender differences», *Family Relations* 36 (1987), pp. 437-443.

tarían y qué harían, esperar su regreso y aceptar con dificultad que habían crecido, presentaba una fuerte asociación con la negatividad, la enfermedad, la ansiedad y la depresión parentales. Aunque su preocupación por la pérdida disminuía con el tiempo, los padres referían más depresión, insomnio y síntomas físicos tales como dolores de espalda, cefaleas y disturbios estomacales que las madres, lo que sugiere que «el síndrome del nido vacío» afecta a los padres incluso más que a las madres. En realidad, en ese estudio las madres (en su mayor parte, amas de casa o trabajadoras a tiempo parcial) con frecuencia estaban satisfechas de que sus hijos se hubieran marchado de casa, mientras que los padres se lamentaban por no haber pasado más tiempo con ellos. Los padres, más que las madres, se sentían psicológicamente preocupados por el hijo ausente.

Para minimizar la pérdida que ocurre cuando un hijo se marcha de casa, los padres y las madres deben modificar su percepción sobre quién es el hijo. Deben revisar el retrato de familia una vez que el hijo o la hija hayan crecido. El niño dependiente es ahora un joven adulto, y como tal se le debe tratar. Las relaciones con los hijos que crecen constituyen un ejemplo excelente del desafío continuo al que se enfrentan los padres para cambiar su percepción de quién está dentro o fuera de la familia. Eso adquiere una importancia especial en las fases de transición, como cuando los hijos se marchan a la universidad, consiguen trabajo, se casan, tienen sus propios hijos y, finalmente, atienden a los que un día les cuidaron.

De 1986 a 1991, extendí el objeto de mis investigaciones para incluir a las familias que se enfrentaban a la ausencia psicológica de un ser querido. Estudié a las familias de setenta pacientes con la enfermedad de Alzheimer, casi todas de la parte alta del Medio Oeste. La severidad de la demencia de esos pacientes no mantenía una relación con el grado de los síntomas depresivos de sus cuidadores. Era, más bien, el grado en que los familiares cuidadores veían a los pacientes como «ausentes» o «presentes» lo que tenía gran poder de predicción sobre los síntomas depresivos de aquellos, y esa conexión era incluso más fuerte tres años después de mis visitas iniciales a esas familias.[4] Al igual que con la investigación de los MIA, verifiqué que los que tenían un ser querido que «estaba pero no estaba allí» se encontraban de hecho más estresados que los que habían sufrido una pérdida más usual.

Las familias que se enfrentan a otras enfermedades mentales crónicas, como la adicción a las drogas o el alcohol, también sufren la pérdida ambigua originada por la ausencia psicológica. El miembro enfermo de la familia está presente, pero su mente no. Tal como en la demencia, los familiares aprenden a «andar con pies de plomo», pues nunca saben si su ser querido va a reaccionar de una forma o de otra; es como tener en la familia al doctor Jekyll y a Mr. Hyde. Para volver todavía más estresante la situación de las familias que se enfrentan a una enfermedad terminal, la tecnología puede aplazar en la actualidad la muerte hasta tal punto que algunas familias ya han llorado todas sus lágrimas antes del funeral.

Un ejemplo más sutil pero no menos real de una pérdida que resulta de la ausencia psicológica, y que encuentro con frecuencia en las parejas en mi consulta, ocurre cuando uno de los cónyuges tiene una relación fuera de la pareja o, lo que es aún más corriente hoy en día, está preocupado por su trabajo fuera de casa. La presencia parcial de esa persona amenaza la relación. Cualquiera que sea su origen, la pérdida ambigua de la ausencia psicológica, al igual que la derivada de la ausencia física, es responsable de provocar angustia en las parejas y las familias en distintas situaciones.

Las diferencias culturales

A medida que proseguía con el estudio tanto de las pérdidas físicas como psicológicas, empecé a preguntarme si mis hallaz-

4 Evalué los síntomas depresivos por medio de la *Zung Self-Rating Depression Scale* y la *Geriatric Depression Scale.* Véase J. Yessavage y T. Brink, «The development and validation of a geriatric depression screening scale», *Journal of Psychiatric Research* 17 (1) (1983), pp. 37-49.

gos e interpretaciones a partir de los estudios de los cuidadores de pacientes de Alzheimer serían etnocéntricos. Sentía curiosidad por saber cómo las familias que se preocupaban menos por dominar la enfermedad responderían a la pérdida ambigua. Por consiguiente, empecé a encontrarme con mujeres anishinaabe de la región norte de Minnesota, que vivían en familias en las que una persona mayor tenía demencia. Mientras estábamos sentados en círculo, con el aroma dulce de la salvia que se quemaba, escuché sus historias. Descubrí que esas mujeres norteamericanas nativas se enfrentan a la ausencia psicológica del padre o la madre demente combinando el dominio de la situación con la aceptación espiritual de la enfermedad. Las anishinaabe se hacían cargo de la situación y se aseguraban de que sus mayores se visitaran con los médicos apropiados y se tomaran las medicinas, pero al mismo tiempo aceptaban el desafío que la naturaleza les había deparado. Consideraban la enfermedad de una persona mayor como parte del ciclo de la naturaleza que va del nacimiento a la muerte. Una mujer dijo: «Yo creo sencillamente que las cosas ocurren como ocurren porque así tiene que ser. Y eso es lo que pasa ahora. Mamá tenía que estar como está, y de todo lo malo que pasa, sea lo que sea, siempre sale algo bueno, si se busca lo suficiente». Otra explicó: «Hemos perdido a la madre que conocimos, pero lo tomo como que ella ahora es la niña y yo la madre... Hice un funeral por mamá, porque la mujer que conocí ya no estaba aquí». El que las anishinaabe tuvieran como objetivo la armonía con la naturaleza más que su dominio, así como la paciencia y sentido del humor de esas mujeres, al igual que el hecho de que se sintieran cómodas con la ambigüedad, me abrieron nuevos caminos para la reflexión. Aprendí de ellas que la pérdida ambigua no tiene por qué ser devastadora.[5]

5 Esa investigación cualitativa fue patrocinada por el *All-University Council on Aging* de la Universidad de Minnesota, 1992-1993, P. Boss, investigadora principal, «Caregirver Well-Being in Native American Families with Dementia». Véase P. Boss, L. Kaplan y M. Gordon, «Accepting the circle of life», *Center for Urban and Regional Affairs Reporter* 25 (3) (1995), pp. 7-11.

Las anishinaabe podían hacerle frente a la enfermedad debilitadora porque creían que la vida es un misterio que se debe aceptar y al que se debe entregar uno voluntariamente. Una oración matinal anishinaabe ilustra esa creencia con claridad: «Me adentro en el día; me adentro en mí misma; me adentro en el misterio». Las mujeres se sentían cómodas sin saber qué les aguardaba más adelante a sus seres queridos enfermos, o a ellas como sus cuidadoras. Pero ese no es el caso de la mayoría de mis clientes. Como terapeuta de familia en una ciudad llena de facultades y universidades, atiendo con mucha frecuencia a personas que están acostumbradas a tener acceso a la información; cuando tienen un problema, quieren solucionarlo y seguir adelante. La ambigüedad les causa ansiedad. Por supuesto que me encuentro con habitantes de la ciudad que poseen creencias espirituales, y ellos, al igual que las anishinaabe, tienden a mantener un carácter fuerte pese a la experiencia de pérdida ambigua. Aunque se necesita más investigación, eso sugiere que nuestra tolerancia frente a la ambigüedad se relaciona con nuestras creencias espirituales y valores culturales, y no solo con nuestra personalidad. Esos valores y creencias, cualquiera que sea su origen, resultan útiles para suavizar nuestra necesidad de encontrar soluciones definitivas cuando nos enfrentamos a una enfermedad que no mejorará o a una pérdida que no se puede aclarar. Sin esa resistencia, es frecuente que las personas que se enfrentan a una situación que está fuera de su control se derrumben.

La existencia de ritos que testimonien la pérdida ambigua es un indicador de la tolerancia de una cultura para con la ambigüedad. Hay pocos ritos de ese tipo en Estados Unidos. Solo recientemente han surgido postales para expresar apoyo a las personas que han sufrido algo tan corriente como la ruptura de una relación. Solo hace poco tiempo los hospitales han empezado a reconocer que el aborto y la muerte de un neonato son pérdidas reales que justifican el duelo. Antiguamente, tenía sentido que no se reconociera la pérdida de un recién nacido porque las tasas de mortalidad infantil eran muy altas. En la mayor parte de las culturas, se animaba a los padres y a las madres a que no se apegasen a sus bebés hasta que estuvieran seguros de que estos vivirían. Pese a que esas creencias son comprensibles desde un punto de vista histórico, hoy en día les resulta negativo a las mujeres que se espere de ellas que actúen como si nada hubiera pasado cuando sufren un aborto o dan a luz a un mortinato.

En Estados Unidos, el supuesto mayoritario sobre cómo funciona el mundo tiende a ser el de que eso ocurre bajo control. Pensamos que podemos controlar nuestro destino porque presuponemos que el mundo es un sitio lógico y justo, donde los esfuerzos son parejos a los resultados. Las cosas buenas les ocurren a los que trabajan duro y bien, y, por contra, las cosas malas solo pasan si hemos hecho algo mal o no nos hemos esforzado lo suficiente. Esa filosofía ocasiona mucha angustia cuando una persona se depara con un problema insoluble, como la pérdida ambigua.

Para ayudar a los demás a enfrentarse a ese tipo de pérdida, primero debemos comprender qué tolerancia tienen hacia lo desconocido. Los miembros de la familia, los vecinos y los terapeutas deben hablar unos con otros mientras intentan alcanzar un consenso sobre cómo responderán a las ambigüedades inevitables con respecto a quién está dentro o fuera de las vidas de los niños y los adultos que han sufrido una pérdida. Esa necesidad de comunicación existe incluso dentro de las parejas, puesto que es posible que los componentes de la misma se hayan socializado con distintas creencias y valores. Con seguridad, habrán tenido experiencias diferentes. Por lo tanto, el marido y la mujer pueden responder de distinto modo cuando un hijo falta. Los miembros de la familia de sexos y generaciones diferentes difieren muchas veces en su forma de interpretar una pérdida ambigua. El objetivo es conseguir cierto grado de convergencia. Si las parejas o los miembros de la familia no procuran entender cómo interpretan la oscuridad que rodea su pérdida, tendrán más problemas para tomar las decisiones que son necesarias en la vida cotidiana. Gestionar la vida familiar se volverá difícil, si no imposible.

Recuerdo a una pareja cuya tolerancia hacia lo desconocido podría servir de lección a los que han sido socializados para ser autosuficientes, independientes y tener las cosas bajo control. Su hija se estaba muriendo, y sin embargo ellos habían aprendido a aceptar «la baraja que les había tocado». En lugar de agarrarse a los planes que habían soñado para la hija y para ellos, e igualmente sin culparse ni culpar al otro, empezaron a aceptar la brevedad de la vida de su hija, constataron lo que todavía tenían con ella y estuvieron plenamente presentes para ella hasta que murió. Muchas personas, cuando se enfrentan a una pérdida que no se puede precisar, son capaces al fin y al cabo de aceptar lo que hay.

La perspectiva del estrés familiar

La ambigua es la más estresante de las pérdidas a las que las personas deben hacer frente. No solo desorganiza la familia, al disminuir el número de miembros que participan en ella y al exigir que otro tome el relevo, sino que, de forma característica, obliga a las personas a cuestionar su familia y el papel que desempeñan en ella. «¿Estoy o no casada, ya que mi marido está desaparecido hace décadas?» «¿Cómo respondo a la pregunta de cuántos hijos tengo, si he dado a uno en adopción?» «¿Somos todavía una pareja, aunque mi marido tenga demencia y ya no me reconozca?»

Muchas veces, mis clientes me dicen que preferirían la claridad en lugar de la ambigüedad o la incertidumbre sobre sus identidades, papeles y relaciones. Anhelan esa claridad con respecto a cómo deberían ser las normas y los ritos en la familia. La parálisis que sufren las parejas y las familias a causa de la ambigüedad quedó resumida de forma sucinta en la marquesina de un teatro de comedias de Minneapolis, que anunciaba una nueva obra: «Todos estresados y sin tener adónde ir». En realidad, la pérdida ambigua puede dejar a las personas paralizadas, de tal forma que son incapaces de seguir con sus vidas.

Con demasiada frecuencia, se deja a familias muy estresadas que sufren una pérdida ambigua abandonadas a su propia suerte para que encuentren una salida, porque los ritos existentes y los apoyos de la comunidad no se dirigen más que a las pérdidas bien definidas, como la muerte. La pareja o la familia lucha sola para confrontar la realidad de lo que ha perdido con lo que todavía tiene. En medio de ese tumulto psicológico, las personas deben reconstruir su familia o su matrimonio y gestionar sus vidas diarias de un modo nuevo. Eso es mucho pedir.

La perspectiva que investigué del estrés familiar y que ahora adopto en mis sesiones de psicoterapia ofrece un modelo preventivo para ayudar a esas familias a aprender a gestionar sus vidas a pesar de la pérdida ambigua. Varios supuestos conducen a esa aproximación. En primer lugar, el estrés se origina, sencillamente, por el cambio, o la amenaza de cambio, en la familia. Ese cambio puede ser corriente o catastrófico. En ambos casos, la mayoría de los individuos y las familias son capaces de hacer frente a ese estrés, e incluso recobrarse de la crisis, si reciben la suficiente información sobre su situación para poder seguir con el proceso de adaptación. La intervención médica no siempre es necesaria o está disponible. Cuando la pérdida ambigua es el resultado de una enfermedad crónica o de una incapacidad, hasta las familias fuertes pueden necesitar ayuda para enfrentarse al estrés. Los terapeutas especializados deben decirles que, a veces, es la situación y no la familia la que está enferma. Puede que las personas, sencillamente, se estén adaptando de una forma que funcione mal, lo que es una constatación muy distinta al diagnóstico de que es la familia la que funciona mal. Cuando, al procurar determinar las causas del estrés familiar, ensancho mis lentes diagnósticas para evaluar también la ansiedad, la depresión o los síntomas físicos consecuentes a una pérdida ambigua exterior, me encuentro con menos resistencias y más disposición por parte de las familias para aprender cómo podrían vivir bien juntos a pesar de su situación difícil. Con eso no quiero decir, de ninguna manera, que los clínicos deberían pasar por alto los trastornos de personalidad y de carácter, u otros problemas médicos. Mi objetivo es, más bien, ampliar el repertorio de evaluaciones e intervenciones para incluir lo que está ocurriendo en el ambiente de esos individuos preocupados y de esas familias estresadas.

En segundo lugar, considero que la tensión prolongada no es buena para ninguna persona o familia, pero que, a pesar de la ambigüedad persistente, las personas tienen un potencial para recobrarse y desarrollarse si aprenden cómo llevar el estrés. Mi acercamiento sobre la forma de enseñar a las familias el manejo del estrés es ecléctico e incluye un trabajo psicoeducacional, empírico y estructural. A las familias se les proporciona información, la oportunidad de estar con otras familias que se enfrentan a situaciones similares, y orientación sobre la manera de reorganizarse. Cuando me envían familiares de pacientes con enfermedades mentales, intento ayudarlos a aprender a manejar el estrés de vivir con la ambigüedad de la ausencia y la presencia que acompaña a enfermedades tales como la demencia, la esquizofrenia o los trastornos bipolares. Recuerdo vivamente a una de esas familias.

Mary presentaba un episodio maníaco, y estaba tan perturbada que tuvo que ser ingresada por su propia seguridad. Era su segunda hospitalización, y sus dos hijas adolescentes se encontraban muy estresadas. Antes de que me encontrara a la familia, el psiquiatra que se hacía cargo de Mary en el hospital me envió una nota apresurada: «En esta familia, la expresión de las emociones se ha desbordado. Las chicas, para sentirse bien, necesitan pasar por alto o aislarse de algunos de los síntomas que Mary presenta ahora mismo. También ellas se están volviendo desvalidas. Dicen cosas como: "No puedo soportar más esto", y he intentado minimizar las cosas diciéndoles: "Vale, ella se ha vuelto loca; la tenéis en el hospital, las cosas van bien; ella mejora día a día. Mirad, podéis pasar por esto, podéis sobrevivir a esto"».

Aunque el estrés de las chicas resultaba comprensible, no les hacía ningún bien a ellas ni a Mary. El nivel de estrés de ellas tenía que bajar. En las siguientes semanas, las chicas hablaron sobre la enfermedad de su madre (y de su abuela), lo que podían hacer para disminuir su probabilidad de padecerla y cómo podrían mejorar las pautas de comunicación de la familia. Mary y sus hijas se entrenaron, en cuanto grupo, en ser menos críticas y más positivas, y discutieron la preocupación de las chicas con respecto a que Mary no se tomara la medicación o el miedo de que surgieran nuevos episodios. Hablamos sobre el temor de las hijas por llegar a sufrir la enfermedad que había atacado a su madre y a su abuela; y formulamos planes explícitos sobre qué hacer si su madre, o alguna de ellas, se deprimía o se ponía demasiado eufórica en el futuro. Saber cómo conducirse con respecto a la ambigüedad de la enfermedad ayudó a disminuir la tensión de esa familia.

La tercera suposición que elaboré al trabajar con las familias que sufrían una pérdida ambigua es que se debe compartir con ellas la información, incluso cuando esta es: «No sé cuál será el desenlace». Los terapeutas y los médicos suponen, con demasiada frecuencia, que solo los profesionales especialmente preparados pueden comprender los datos técnicos de una enfermedad o un caso de pérdida. No se ofrecen los artículos de investigación a los legos. Negar información a la familia es tener con ella un comportamiento condescendiente e irrespetuoso, pues muchas veces esta cuenta con miembros capaces de entender ese tipo de literatura, los cuales, además, están deseosos de hacerlo. Los clínicos deben comprender que, al compartir la información, fortalecen a las familias para que puedan tomar las riendas de su situación, incluso si existe la ambigüedad.

En cuarto lugar, parto del supuesto de que las pérdidas ambiguas pueden crear un trauma. En ese sentido, los síntomas del duelo inconcluso son similares a los del trastorno por estrés postraumático (TEPT). El TEPT es un trastorno causado por acontecimientos estresantes psicológicamente, y que se sitúan fuera del ámbito de la experiencia humana corriente. Esos hechos no se resuelven en su momento, por lo que son revividos de forma continua, incluso años después de que tuvieran lugar. La pérdida ambigua también es un hecho estresante desde el punto de vista psicológico, y se sitúa fuera del ámbito de la experiencia humana corriente; al igual que los acontecimientos que desencadenan el TEPT, no ha concluido y traumatiza. Sin embargo, en el caso de la pérdida ambigua, el trauma (la ambigüedad) sigue existiendo en el presente. No es posterior a nada. La pérdida ambigua, de forma típica, es una situación duradera que traumatiza y paraliza, y no un acontecimiento único que produce con posterioridad el efecto de volver a experimentarla.

Las consecuencias del TEPT son también similares, aunque no idénticas, a las de la pérdida ambigua prolongada. Ambos pueden producir depresión, ansiedad, parálisis psicológica, sueños angustiosos y culpa. No obstante, la pérdida ambigua es única en el sentido de que el trauma se alarga indefinidamente en lo que las familias describen como un viaje en la montaña rusa, durante el cual alternan la esperanza con la desesperación. Un ser querido falta, luego se le vislumbra, después se le vuelve a perder. O un miembro de la familia se está muriendo, luego entra en remisión, y seguidamente la enfermedad reaparece con toda la intensidad. Se crean y se defraudan esperanzas tantas veces que las personas ya no reaccionan del punto de vista psicológico. De la misma forma que los animales, en los primeros experimentos con choques eléctricos dispuestos de manera errática, se tumbaban en las jaulas y ya no procuraban evitar el dolor, las personas que sufren un trauma que para ellas no tiene sentido se sienten impotentes y dejan de reaccionar.

Aunque el foco del tratamiento del estrés familiar no excluye la posibilidad de la terapia de grupo o individual, mi aproximación se centra en animar a las parejas y las familias a que hablen y compartan información, al igual que sus percepciones y sentimientos, y a que lleguen con el tiempo a un consenso sobre cómo celebrar la parte del ser querido que todavía está presente y vivir el duelo por la que se ha perdido. Cuando las familias cuentan su historia a alguien que las escucha y les ayuda a comprenderla, reciben la validación que necesitaban para seguir adelante con el proceso del duelo. Sin que importe qué creencias, valores o preferencias teóricas posean, las personas pueden aprender, con el tipo correcto de intervención, a vivir bien a pesar de estar sufriendo una pérdida ambigua.

2. Marcharse sin decir adiós

Los ausentes están siempre presentes.
CAROL SHIELDS, *The Stone Diaries*

Era un día de comienzos de primavera en Washington, D.C., cuando visité el Vietnam War Memorial y me vi rodeada de una silenciosa multitud de escolares, turistas y familiares todavía en duelo. Los nombres de los militares desaparecidos, o MIA, tenían para mí un interés especial. Al contrario de los prisioneros de guerra, que con el tiempo volvieron a casa o se los declaró muertos, esos hombres todavía se encuentran desaparecidos. Sus familias, al no saber si están vivos o muertos, sufren una angustia especial. Mientras caminaba en silencio entre la lista interminable de nombres, noté un lazo azul para el pelo, un paquete de Camel y una nota escrita a mano, en el suelo bajo el nombre de un hombre todavía desaparecido. «No pasará un día sin que piense en ti», decía la nota.

Muchas personas necesitan la experiencia concreta de ver el cuerpo de un ser querido que ha fallecido, porque eso hace que la pérdida sea real. Muchas familias de personas desaparecidas no encuentran nunca esa comprobación de la muerte, por lo que se enfrentan a un desafío mayor para poder cambiar su percepción sobre la presencia o la ausencia. Los parientes de esos soldados cuyos nombres están inscritos como «MIA» no obtienen la certeza de su muerte ni siquiera a través del Vietnam Memorial.

Las familias de soldados desaparecidos que estudié tenían dificultad para conseguir el cierre de su pérdida porque la incertidumbre era extrema y persistente. Con una regularidad frustrante, aparecían informes declarando que algunos de los hombres todavía estaban vivos, lo que reavivaba el dolor que había empezado a curarse. Las familias no lograban completar su duelo cuando la pérdida permanecía tan incierta. Mi investigación demostró que las esposas de esos hombres desaparecidos mantenían en marcha a sus familias, pero muchas veces a expensas de su propio desgaste emocional. Yo estaba interesada, en particular, en la percepción de las esposas sobre la ambigüedad que rodeaba la pérdida. ¿Cómo se la tomaban? ¿Cómo se las arreglaban y seguían adelante pese a ella?

Entrevisté en California a la esposa de un piloto desaparecido, varios años después de que el avión de su marido hubiera sido alcanzado sobre el sudeste asiático. Acabábamos de completar un largo cuestionario, y estaba lista para marcharme cuando ella me contó una historia que nunca olvidaré. Ella me conducía a la puerta, y casi no escuché lo que me decía porque yo pensaba que ya tenía toda la información que necesitaba. Me contó que, desde que le habían derribado, su marido había vuelto dos veces para hablar con ella. La primera vez que vino a visitarla tuvieron una conversación en la calle, frente a la casa. Él le dijo que debería venderla, comprar una mayor que acomodara con más holgura a los cuatro hijos que estaban creciendo, y mudarse a un distrito con mejores colegios. Ella contó que él también le aconsejó que vendiera el coche y comprara una furgoneta para que cupieran los niños, ya casi adolescentes, con sus cosas. Aunque ella nunca había tomado con anterioridad ese tipo de decisiones, hizo todo lo que él le dijo. Alrededor de un año más tarde, su marido volvió para una segunda visita. Esa vez, la conversación tuvo lugar en el dormitorio. Él le dijo que ella había hecho un buen trabajo, que estaba orgulloso de ella y que la amaba, y que ahora le iba a decir adiós. «Fue entonces cuando supe que estaba muerto de verdad», dijo ella.

La historia de esa mujer me pareció esclarecedora, no solo por lo que decía, sino también por la intensidad de su convicción de que esas visitas habían tenido realmente lugar. Como socióloga, me había entrenado para recopilar nada más que la realidad palpable y los datos objetivos. Sin embargo, parafraseando al interaccionista simbólico W. I. Thomas, como consecuencia de que esa mujer percibiera su historia como verdadera, esta lo era en efecto.[1] Las conversaciones con el marido desaparecido la confortaban y tranquilizaban, permitiéndole tomar decisiones y efectuar cambios que, de otra manera, puede que no consiguiera hacer. La presencia simbólica del marido le proporcionó orientación y, sobre todo, el tiempo que necesitaba para adaptarse a su nuevo papel como figura monoparental y cabeza de familia.

Posteriormente, esa mujer me contó que había crecido en una reserva india donde era costumbre, en los casos de muerte súbita, mantener «presente» durante algún tiempo a la persona muerta, para aminorar así lo repentino de la pérdida. Su anhelo por la presencia simbólica del marido desaparecido fue una lección importante. Aunque su historia no cumplía con los requisitos existentes en esa época de datos «objetivos», me di cuenta de que, *para ella*, la experiencia fue *real* y había sido benéfica para su forma de actuar y, por lo tanto, para el bienestar de sus hijos. Su historia cambió para siempre mi manera de considerar y realizar una investigación.

Mientras que esa esposa de un piloto desaparecido encontró un modo de adaptarse a la pérdida ambigua de su familia, muchos no lo logran. Su duelo permanece sin solucionarse y ellos no consiguen seguir adelante. En 1958, Imre Nagy, el estimado primer ministro de Hungría, desapareció. Corrió el rumor de que le habían disparado, lo que se desmintió oficialmente, y no existía una tumba. Hasta 1989 no apareció el cuerpo de Nagy, y fue entonces cuando se celebró en su honor un funeral público. El pueblo participó en una multitudinaria muestra de dolor que, por fin, puso término a una pérdida ambigua de la nación.

La curación, incluso en el ámbito nacional, necesita cierta dosis de claridad. Solo cuando las cosas se enderezan (los cuerpos aparecen, los oficios religiosos se celebran y el duelo queda

1 W. I. Thomas y F. Znaniecki [1918-1920], *El campesino polaco en Europa y en América*, Madrid, CIS, 2004].

validado por la comunidad más amplia) las personas pueden dar reposo a sus pérdidas. Pero las pruebas que certifican una muerte son a menudo terribles. De 1975 a 1979, hasta que se derrocó el régimen de los Jemeres Rojos de Pol Pot, más de cuatrocientos prisioneros camboyanos fueron detenidos, torturados y asesinados. Los Jemeres Rojos, al igual que los nazis, mantenían una lista de muertos, pero la suya incluía fotografías.[2] Los parientes de los desaparecidos pueden encontrar hoy en día la certeza en ese registro macabro intitulado *The Killing Fields,* donde los únicos certificados de defunción son las fotografías de las personas aterrorizadas inmediatamente antes de su ejecución. Esos registros pueden ser de alguna ayuda para las familias porque les proporciona la certidumbre de la muerte, pero, tal como en los registros que efectuaban los nazis de sus víctimas, no disminuyen el horror.

Las guerras y los conflictos políticos tienen siempre como consecuencia las desapariciones misteriosas. Los norteamericanos nativos, los judíos, los rusos, los *hmong,* los camboyanos, los tibetanos, los bosnios y los ruandeses, todos comparten una historia de desarraigo traumático y su casi aniquilación. Durante el conflicto ruandés, una trabajadora sanitaria, Emeritha Uwizeyimana, fue separada de su marido e hijos. Después de dos años y medio como refugiada, encontró a sus hijos, pero su angustia persistía: «Sigo a la espera de noticias de mi marido. Solo quiero saber si está vivo o muerto».[3] Historias como esa no son una excepción, y la falta de un adiós a los que han desa-

2 Véase C. Riley y D. Niven (comp.), *The Killing Fields,* Santa Fe, N.M., Twin Palms Publishers, 1996. Un cuarto de la población camboyana fue asesinado bajo ese régimen. Seth Mydans escribió en el *New York Times Book Review* de veinticinco de mayo de 1997: «Camboya sigue siendo una nación inestable y doliente, una nación de ocho millones de víctimas del trastorno por estrés postraumático. Prácticamente todos los camboyanos han perdido familiares a causa del terror de los Jemeres Rojos; muchos presenciaron cómo su madre o su hermano eran apaleados hasta la muerte. El abuso doméstico, el crimen callejero fortuito y la brutalidad policial son endémicos en la actualidad», p. 21.

3 *Minneapolis Star Tribune,* treinta de marzo de 1997, p. A14.

parecido misteriosamente sigue atormentando a los supervivientes y las generaciones posteriores.

El legado norteamericano de pérdidas ambiguas posee también una historia social traumática: el desarraigo de los africanos que fueron llevados a la fuerza hasta las costas de Estados Unidos y vendidos sin que se tuviera en cuenta la preservación de los matrimonios o las familias. En *Raíces,* de Alex Haley, se aborda la lucha interminable de un marido, una mujer y los hijos de ambos para permanecer juntos, mental ya que no físicamente. Dada esa historia de resistencia frente a las pérdidas ambiguas traumáticas, no es de extrañar que las familias afroamericanas contemporáneas definan a la familia con límites menos rígidos de lo que lo hacen los que tienen raíces europeas.

Los terapeutas de familia y los investigadores, cuando trabajan con personas que sufren una pérdida sin resolver, no deben etiquetar como patológica la resistencia que presentan esas personas a formar nuevos vínculos y reestructurar la familia. Ellas pueden tener una adaptación que funcione mal, pero eso no es lo mismo que decir que la persona o la familia funciona mal. Dada la falta de claridad, es comprensible que las personas se aferren a mantener la situación, pues de cierta forma esperan que la persona desaparecida regrese algún día. Hasta la comunidad, la iglesia y los profesionales sanitarios, sin darse cuenta, contribuyen a menudo a que el duelo se estanque, porque no están acostumbrados a ofrecer su apoyo, a no ser que se trate de una pérdida comprobada. Cuando se carece de esa seguridad, se deja a las familias a su propia suerte. Al igual que la esposa del piloto desaparecido, las personas tienen que encontrar su propia salida de la ambigüedad.

Muchas de las despedidas poco claras que ocurren en la vida cotidiana de las familias se sitúan también fuera de las categorías tradicionales de las pérdidas, pese a lo cual originan estrés. Entre ellas están las ausencias que se asocian al divorcio, la adopción, la migración y el compromiso excesivo con el trabajo.

El divorcio, por ejemplo, proporciona un terreno fértil para la confusión sobre la ausencia o la presencia del miembro de la pareja que no tiene adjudicada la custodia de los hijos. El retrato de familia, un símbolo bien conocido de quiénes están dentro o fuera de una familia, documenta muchas veces la confusión reinante en el seno familiar después de un divorcio y un segundo matrimonio. Cada vez es más frecuente que se pida a los fotógrafos profesionales que borren de una foto familiar al cónyuge divorciado, solo para que años más tarde los hijos les soliciten que vuelvan a poner la figura ausente. Los fotógrafos de bodas sacan hoy en día el doble de fotos en esos eventos, ya que la novia y el novio piden con frecuencia poses separadas con los padres divorciados y con la nueva pareja de estos.

Todas las personas envueltas en el acontecimiento familiar del divorcio, hoy en día demasiado corriente, pueden comprender y llevar mejor ese hecho si lo enfocan como una pérdida ambigua. Algo se ha perdido, pero algo todavía está ahí; el matrimonio ha terminado, pero se sigue siendo padre o madre (y uno esperaría que también se siguiera siendo abuelo y abuela, por ambos lados). Para los niños, identificar lo que se ha perdido y pasar el correspondiente duelo, al tiempo que reconocen los vínculos que siguen existiendo en sus vidas, es un acercamiento más saludable al divorcio que decirles sin más: «Mamá y papá ya no se quieren, pero siempre te querrán». A los niños les resulta a menudo difícil confiar en esa afirmación. Saben que han perdido algo; se les podría corroborar ese hecho y, asimismo, subrayar lo que permanece igual en la familia. Además, tanto los niños como los adultos se sienten aliviados al descubrir que lo que experimentan tiene un nombre. El problema no es el divorcio en sí (de hecho, en muchas familias el divorcio no presenta efectos perjudiciales), sino la ambigüedad y la pérdida sin resolver que con frecuencia lo acompañan. En ocasiones, la pérdida asociada al divorcio es más difícil que la que resulta de la muerte, porque la primera permanece intrínsecamente poco clara. La noción de la pérdida ambigua proporciona a los niños y a los adultos una manera de comprender la situación y aprender a vivir de modo más funcional con el divorcio.

En mi caso personal, primero rechacé la opinión del terapeuta de familia Carl Whitaker: «¡Nunca logras divorciarte!».

Pero años después, cuando mi primer marido y yo actuamos juntos como anfitriones en la recepción de la boda de nuestro hijo, o cuando él me llamó para darme la noticia de la muerte de un amigo común, o él y yo llevamos a nuestros nuevos cónyuges a las cenas festivas de nuestra hija y a los cumpleaños de nuestros nietos, me di cuenta de que Whitaker tenía razón. Las antiguas relaciones no desaparecen sin más; para la mayoría de nosotros, continúan, aunque en una foto de familia revisada.

Para aprender a vivir con la ambigüedad del divorcio y el nuevo matrimonio hace falta todo un nuevo conjunto de habilidades. Lo primero es volver a examinar qué percepción se tiene de quién hace parte de la familia y quién no. Para determinarlo, nos podemos preguntar a quién invitaríamos a una celebración familiar especial o a un rito, como por ejemplo una boda, una licenciatura, un *bar mitzvah,* un bautizo o un cumpleaños. Esa relación de invitados muestra con rapidez a quién consideramos de la «familia» o «padre o madre asociados», así como a quién excluimos como tal. Hoy en día, es frecuente que el listado incluya a cónyuges divorciados y a sus nuevas parejas.

Todo eso requiere una segunda habilidad, la de abandonar una definición absoluta y precisa de familia. Eso no resulta fácil, porque las creencias y los valores asociados con la familia presentan un alto grado de variación entre las diferentes personas y lugares. Eso ayuda a reconocer que, en verdad, ya somos más flexibles de lo que suponemos, pues acogemos al hijo de una hermana, dejamos que se marchen los hijos a medida que van creciendo, cooperamos como figura parental incluso después del divorcio o cuidamos a los nietos. En lugar de debilitar a la familia, esa elasticidad con respecto a su composición aumenta su resistencia y flexibilidad. Por último, ese proceso de cambio y continuidad exige un replanteamiento periódico sobre quién hace parte de la familia, sobre todo durante los períodos de transición, como cuando entran personas en la familia a través del matrimonio, de una segunda unión o un nacimiento, o salen por medio de la separación, el divorcio o la muerte. Las entradas ambiguas que se asocian a las nuevas uniones y el divorcio siempre causan estrés.

En cierto sentido, hay que abandonar el concepto de monogamia para que el divorcio y el segundo matrimonio funcionen, ya que el primer matrimonio no deja de existir sin más cuando empieza una segunda unión. Forma parte para siempre de la historia vital de la persona. Tal como ocurre con el certificado de defunción, el de divorcio tampoco puede borrar la experiencia, sea esta buena o mala; en consecuencia, es frecuente que algo más que la memoria permanezca en las relaciones siguientes. Y con el divorcio, al contrario que con la muerte, el antiguo compañero se encuentra muchas veces presente, sobre todo si hay hijos que criar. Ser capaz de vivir con la ambigüedad inherente a esas situaciones es uno de los principales secretos para lograr un segundo matrimonio exitoso.

En mi trabajo de terapeuta, atendí a Debra, que se había divorciado de John hacía más de dos años, pero no lograba rehacer su vida porque todavía se sentía casada y controlada. «Mi marido se ha divorciado de mí, pero sigue regresando a mi vida», dijo. «Cuando viene a recoger o a devolver a los niños, quiere entrar y charlar. Hasta me pide café, o peor aún, abre él mismo el armario de la cocina y se lo sirve. Hasta a los niños les parece raro. ¡Me está volviendo loca! ¿Cómo le puedo olvidar si sigue viniendo?». «No puedes hacerlo», le respondí. «Has tenido tres hijos y una relación de veinte años con él. No puedes olvidar todo eso, ni lo deberías. Pero sí puedes replantear la relación».

Hablamos sobre cómo poner límites a la relación conyugal que había terminado, al tiempo que se mantenían en funcionamiento las relaciones parentales. No era necesario apartar a John por completo de su vida para que la tensión de Debra disminuyera. Ella deseaba que él siguiese relacionándose con los hijos; era un buen padre y ella necesitaba su ayuda. Pero a Debra le costó más tiempo identificar la forma de desconectarse de su matrimonio. Al no estar acostumbrada a ponerle límites a John en la casa que habían compartido durante tanto tiempo, le resultaba difícil mantenerle fuera de lo que ahora eran la casa y los armarios *de ella*. Con el tiempo, varias personas comparecieron junto a Debra en las sesiones que tenía conmigo: su madre, sus hermanas, su exmarido y la actual esposa de este (que vino sobre todo como oyente, y sospecho que para asegurarse de que yo no procuraba una reconciliación). Al final, Debra logró definirse a sí misma y a su familia con más claridad. Entre otras cosas, le dijo a John que no entrara en la casa a menos que fuera invitado. Él pareció disgustarse, pero pude observar que su actual esposa apoyó enseguida la idea y suavizó pronto su contrariedad. Debra también pareció alegrarse. John no quedaba enteramente fuera de su vida, pero ella ahora tenía más claro cuándo estaba él dentro o fuera, qué había terminado en su relación y qué continuaba. Ese tipo de replanteamiento de la familia en las situaciones de divorcio y segunda unión es lo que permite que aumenten las probabilidades de paz y armonía. Las familias divorciadas no tienen por qué ser «familias rotas»; pueden sencillamente ser versiones reconstruidas de la original. Cuando se disuelve un contrato de matrimonio, no todo está perdido.

Sin embargo, algunas personas no pueden tolerar la ambigüedad sobre quién está dentro o fuera de su familia tras un divorcio. Para ellos existen «soluciones» superficiales. Como se ha dicho arriba, los técnicos en fotografía pueden modificar hoy en día la historia marital de las personas borrando a los que ya no desean de una boda o una fotografía de familia. Muchos, por lo visto, se sienten tan incómodos con los viejos retratos que están dispuestos a pagar un alto precio por su revisión.

Los miembros de una familia divorciada que mantiene vínculos expresan ese mismo malestar con la ambigüedad. La familia todavía es tal, pero ahora presenta una estructura diferente. Si para los niños el retrato de la «vieja» familia, por ejemplo, todavía es absolutamente necesario, ¿por qué no animarlos a que construyan un collage con todos a los que consideran familia? Eso sería más honrado que obligar a posar juntas a personas que se sienten incómodas por estar en la misma sala. No obstante, las fotos, e incluso el *collage,* no son más que símbolos; con el tiempo, los miembros de la familia deben modificar su percepción sobre quiénes constituyen su familia. Aun así, en el caso de que los parientes deseen mantenerse en contacto, de forma individual, con los que acostumbraban ser miembros de su familia oficial, ¿por qué no? Puede que la visión que tienen de la familia no les parezca real a otras personas, pero para ellos lo es.

La pérdida inconclusa puede ocurrir también en las situaciones cotidianas de la adopción. Aunque la madre biológica es más consciente de la separación real que el bebé que es entregado en adopción, la pérdida ambigua puede afectar a ambos. El niño, además, puede preguntarse dónde estará la madre, si estará bien o cómo es.

Una forma de determinar la tolerancia de los padres adoptivos con la ambigüedad es investigar si han elegido la adopción abierta o cerrada. Cuando se abren de modo voluntario los archivos de adopción y todas las partes se conocen, resulta que la familia adoptante es capaz de tolerar la ambigüedad y de pensar en la madre biológica, y hasta de incluirla en su vida. En las adopciones cerradas, en las que los archivos permanecen vedados, los padres adoptivos parecen preferir el absoluto de la ausencia de contacto. No obstante, con independencia del tipo de adopción que se haya elegido, los investigadores se están encontrando con que tanto la madre adoptiva como el hijo adoptado piensan en la madre biológica y la tienen psicológicamente presente.[4] La familia psicológica es, asimismo, una realidad para los que están afectados por una adopción.

En mi propia consulta, he atendido a personas adoptadas que estaban preocupadas por la ambigüedad de desconocer la identidad o el paradero de sus padres biológicos. Su necesidad de saber es, muchas veces, más fuerte cuando empiezan a pensar en formar sus propias familias. Con un punto de vista más flexible con respecto a la familia, su búsqueda para solucionar ese misterio no tiene por qué erosionar su relación con los padres adoptivos. Incluso cuando se encuentra a los padres biológicos, los adoptivos siguen siendo los padres «de verdad», pues, como dicen muchos jóvenes adoptados, «estaban allí conmigo en mitad de la noche». A los ojos de un niño, es la presencia física

4 D. Fravel, H. Grotevant, P. Boss y R. McRoy, «Birthmother Perceptions of the Psychologically Present Adopted Child: Adoption Openness and Boundary Ambiguity», *Journal of Marriage and Family* 49 (2004).

más que la genética lo que define a un padre o a una madre. Algunos adoptados me han contado que, examinándolo retrospectivamente, hubiera sido mejor no saberlo, pero muchos siguen corriendo el riesgo de buscar sus raíces biológicas. Para ellos, es una necesidad saberlo para resolver la pérdida, incluso si sus investigaciones les llevan a obtener informaciones que no son las ideales.

Actuar como si la lista de miembros de una familia adoptiva estuviera grabada en piedra puede terminar por ser más estresante que el reconocimiento explícito de que la familia tiene fronteras ambiguas: algunas personas hacen parte de ella todo el tiempo, otra parte del tiempo y otras no hacen parte en ningún momento. Una fluidez clara, por oposición a la ambigüedad tácita, no resulta perjudicial en las relaciones de una familia adoptiva si todos, incluyendo a los niños, la reconocen abiertamente.

Quizá la ruptura más corriente en la percepción de la familia sea la que ocurre como consecuencia de la inmigración. Hace un siglo, hubo una ola de inmigración con origen en Europa Continental e Irlanda, y que alcanzó su punto máximo en 1909 cuando, solo en ese año, un millón doscientos mil inmigrantes atravesaron las puertas de la isla de Ellis y entraron en Estados Unidos. Hoy en día, Norteamérica sigue siendo una nación de inmigrantes, aunque ahora los puntos de partida son con más frecuencia México, Latinoamérica y Asia. Como existen menos obstáculos para viajar, las personas se mueven por todo el mundo. Incluso dentro de los Estados Unidos, las familias se trasladan del campo a la ciudad, del este al oeste, del norte al sur, y viceversa. En un mundo en el que las personas están constantemente desarraigándose, el legado de la pérdida ambigua sigue siendo poderoso.

Mi propia familia y muchas otras del Medio Oeste norteamericano comparten esa herencia a partir del movimiento de inmigración masiva que se prolongó desde la mitad del siglo diecinueve hasta el último cambio de siglo. Familias noruegas, alemanas, finlandesas, irlandesas y suizas emigraron para establecerse aquí. Dejar Europa fue traumático para ellas, pues era poco probable que regresaran algún día. Las despedidas resultaron especialmente difíciles para las mujeres. Los diarios de la época revelan que, en cuanto sus familias empezaban a criar raíces en Norteamérica y ellas comenzaban a sentir que se habían establecido, muchos maridos insistían en marcharse más hacia el Oeste, en dirección a Dakota o a las planicies de Nebraska o California, por lo general en busca de más tierras o de oro. Mientras que los maridos siguieron su ansia de aventuras, el desarraigo y las reiteradas despedidas cobraron un alto precio a las mujeres inmigrantes de las llanuras, cuyos vínculos familiares ya se habían roto con anterioridad.

Hamlin Garland describió, en sus historias sobre la región intermedia entre el Medio Oeste y el fronterizo Lejano Oeste, cómo observó a su madre mudarse otra vez de mala gana, porque el padre ansiaba desplazarse hacia el oeste: «Las mujeres, una a una, la rodearon con los brazos gastados y rudos, la besaron con los labios temblando y se marcharon con un pesar silencioso. La escena terminó por resultarme demasiado dolorosa, y yo me aparté y me adentré en el bosque, preguntándome: ¿Por qué hay que sufrir así? ¿Por qué hay que arrancar a mamá de sus amigos más queridos y obligarla a marcharse lejos, a una tierra extraña?».[5]

Garland relata que, en las fiestas familiares, su padre y los demás hombres siempre querían cantar una canción que su madre y las otras mujeres detestaban. La canción decía: «Alégrense, compañeros, porque nos vamos, / más allá de las montañas, hacia el Oeste, oh». Garland relata la escena: «La cara de mi padre brillaba con el fuego del explorador, del pionero. Esas palabras le atraían como si fueran la mejor poesía. Significaban que, para él, todo en la vida en Norteamérica era hermoso, esperanzador y excelente; sin embargo, en el rostro dulce de mi madre, una expresión melancólica se ahondaba y sus bellos ojos se ensombrecían. Para ella, esa canción no significaba tanto la

5 H. Garland, *A Son of the Middle Border,* Nueva York, Grosset & Dunlap, Macmillan, 1917, p. 238.

adquisición de un nuevo hogar, como la pérdida de todos sus amigos y parientes... esa canción quería decir carencia, sufrimiento, soledad, pesar».[6]

La reiteración de las despedidas traumáticas fue demasiado para muchas de las mujeres inmigrantes de la frontera del Medio Oeste, y ellas se dieron por vencidas. Los documentos históricos del antiguo asilo de St. Peter, en Minnesota, comprueban que esa institución se transformó en un puerto para las mujeres que ya no podían enfrentarse a un desarraigo más.[7]

Incluso cuando esas mujeres lograban establecerse en un sitio, la ruptura de los vínculos con la familia de su lugar natal era dolorosa. Se ahogaban en soledad. Echaban en falta a sus madres y hermanas, sobre todo por ocasión de alguna enfermedad o en el momento de dar a luz. Un periodista de Wisconsin, que registró relatos orales, escribió:

> Una familia refiere que, durante la epidemia de cólera (1853), tanto el padre como la madre cayeron enfermos. La mujer estaba tan débil que no podía andar, y el marido no conseguía salir de la cama y ardía en fiebre. Le dijo a su mujer que, si pudiese beber un sorbo de agua, se pondría bien.
>
> La casa distaba cerca de un kilómetro y medio del río Sugar, del cual obtenían el agua. No había nadie para traer el agua, por lo que la mujer cogió un pequeño cubo, sujetó el asa con los dientes y se arrastró lenta y penosamente hasta el río a través de la hierba alta, el bosque y el sotobosque. Sumergió el cubo en el agua y regresó con él del mismo modo. El marido se salvó.[8]

6 *Ibid.*, p. 63. Garland fue uno de los primeros en tratar el asunto de las mujeres inmigrantes de la frontera. Tras haber ayudado en su juventud a su madre y su abuela, tomó conciencia de la experiencia de las mujeres de la frontera del Medio Oeste.

7 W. D. Erikson relató la historia del asilo de St. Peter en *The Great Charity: Minnesota's First Mental Hospital at St. Peter, Minn.*, autoedición, 1991. Cuando estudiaba el período de 1866 a 1991, descubrió accidentalmente que su tatarabuela había sido una de las mujeres que buscaron asilo en el hospital psiquiátrico. Ella se pasó el resto de su vida allí.

8 M. B. Theiler, *New Glarus' First Hundred Years*, Madison, Wis., Campus Publishing Co., 1946, pp. 34-35.

Había poca gente que pudiera ayudar a esas mujeres en sus deberes como cuidadoras. Los vecinos estaban demasiado lejos; los parientes se habían quedado en la tierra de origen. Esas inmigrantes, al estar apartadas físicamente de sus madres y hermanas, las cuales, en condiciones normales, las habrían apoyado, soportaron un doloroso aislamiento que rebasaba el ámbito de la experiencia humana normal.

Las despedidas poco claras de la inmigración afectaron también a las madres que quedaron atrás cuando sus hijas e hijos partieron hacia Estados Unidos. Anna, una mujer que, de adolescente, yo veía con frecuencia cuidando su jardín mientras yo me dirigía a la escuela, guardó las cartas que recibía de su madre en Suiza. Ilustran la tristeza de saber que nunca volvería a ver a su hija y sus hijos, a los que siempre tenía en mente. El dos de diciembre de 1926, la madre de Anna le escribió esta carta:

> Querida Anna:
>
> Gracias por el dinero y la bonita foto de familia que nos has mandado. Todos los niños están muy guapos con esas ropas preciosas. Pero tú, Anna, cariño, pareces muy delgada. Se ve que has tenido que pasar muchas cosas... No consigo mirar demasiado tiempo esa fotografía, y aun así lloro cada vez que la miro. Estoy muy sola, contigo, Ambrose y Carl en Norteamérica. Sé que ya nunca os volveré a ver en este mundo.[9]

Es posible que los irlandeses se hayan mostrado más directos al enfrentarse con las despedidas poco definidas. Cuando los hijos se marchaban a Norteamérica, los padres se tomaban la partida como un funeral. De esa manera, el rito del adiós sancionado por la comunidad puede haber ayudado a que las familias lograran el cierre de su pérdida, al simbolizar el fin con la despedida; sabían muy bien que, probablemente, ya no volverían a ver a sus hijos. Un viejo manuscrito cuenta esos hechos: «Era exactamente como un gran funeral... y la última separación... era de verdad

9 G. Jacobsern-Marty, *Two for America*, Blanchardville, Wis., Ski Printers, Inc., 1986.

muy triste verla... Los padres, sobre todo, estaban muy tristes, como si los que se marchaban estuvieran muertos de verdad... Era preferible no pasarse por allí si se era algo blando».[10]

Esas pérdidas ambiguas siguieron causando estrés durante las emigraciones masivas de hace un siglo, que llegaban a Estados Unidos tras cruzar el Atlántico. Mientras recopilaba relatos orales en la isla de Ellis, escuché a una mujer suiza, originaria de Berna, describir ese mismo dolor cuando, de niña, vio a su padre marcharse a Norteamérica al tiempo que ella, sus hermanos y su madre tuvieron que quedarse atrás: «Todavía puedo vernos a mi hermano, a mi hermana y a mí; estamos allí parados, diciéndole adiós con la mano. Mi madre lloraba, y es una de esas cosas... es como una fotografía que se queda contigo. Nosotros también llorábamos. Por la forma de hablar de mi madre, ella se temía que él no regresara nunca. Que le tragara el océano, porque quedaba tan lejos... Y así es como se sentía ella, como si nunca le fuera a volver a ver».[11]

Mi abuela paterna, Sophie Grossenbacher, fue una madre que quedó atrás. Sus numerosas cartas revelan la experiencia de la ambigüedad, que duró toda la vida, por el hecho de sentirse emocionalmente próxima a mi padre y, sin embargo, estar separada físicamente. Empezaba siempre las cartas con un «Queridos», y las terminaba con «Que Dios os proteja siempre. Mamá». Escribía prácticamente una al mes, y muchas veces finalizaba así: «Para mí es una gran satisfacción charlar un poco con vosotros. ¡Si pudiera estar con vosotros hoy!». Pero entonces empezó la Segunda Guerra Mundial, y las bombas caían peligrosamente cerca de su casa en la frontera suiza, próxima a Basilea. Escribió: «Queridos, por fin os envío unas líneas. Hoy he estado muy triste. Quería deciros que os estaba añorando en la distancia». Escribió sobre las dificultades económicas y el miedo a la guerra, y terminó con: «Pienso en ti todos los días. Ahora tienes dos hijas grandes [mi hermana y yo]. Me gustaría poder verlas».

10 Irish Folklore Department, manuscrito 1411, University College, Dublín, Irlanda.

11 Ellis Island Oral History Project, «Interview with B. Smith-Schneider», Ellis Island Immigration Museum, 1986.

En 1943, cuando a causa de la guerra el correo solo funcionaba de forma esporádica, ella se preguntaba si las cartas habían llegado, y anhelaba recibir noticias de su hijo en Norteamérica: «¿Cómo te va ahí? Espero que todo esté bien. Todos tus hermanos y hermanas me preguntan si tengo noticias de ti. Sí, todos aguardamos una carta tuya para saber cómo te va. Después de ese silencio tan largo, ansiamos noticias tuyas. Aun cuando no es posible escribir, estoy siempre contigo en mis pensamientos. Estoy segura de que ahora ya tienes dos hijos grandes [mis hermanos]. Me gustaría verlos en persona. Saco muchas veces las fotos del cajón solo para mirarlos. Escribe tan pronto como puedas».

Tras la guerra, las cartas se intercambiaron con más regularidad. «Nos haces a todos muy felices con tus cartas, a todos nos gusta leerlas... Aunque ya no puedo hacer nada por ti, pienso en ti todos los días, y rezo para que todos estéis bien y con salud. Termino ahora mi charla. No te fijes en los errores. Creo que mi cabeza se está volviendo demasiado débil para escribir cartas [Sophie tenía ahora setenta y nueve años]».

Después de la guerra, ya se pudieron hacer llamadas telefónicas transatlánticas, por lo que para cuando cumplió los ochenta años mi padre hizo su primera y única llamada a su madre. Recuerdo vivamente el acontecimiento. Mi hermana y yo logramos decir «*Salut, Grossmuetti*» («Hola, abuelita»). Esas fueron las únicas palabras que le dije jamás, y fue la única ocasión en la que oiría su voz.

Pasó mucho tiempo hasta que mi abuela volviera a escribir tras la llamada, puesto que su salud se debilitaba:

> Quiero agradecerte por la gran alegría que me diste en mi cumpleaños. Sí, Paul, la sensación que tuve cuando conseguí oír tu voz no se puede describir con palabras. Sentí como si estuvieras entre nosotros, donde yo podía oírte hablar. Y el «*Salut, Grossmuetti*» de tus dos hijas me hizo muy feliz. Incluso las oí reír. Y después se puso tu mujer, Vereneli, al teléfono. Esperaba que pudiéramos charlar más tiempo, porque fue muy amistoso. Te digo que fue un momento muy importante para todos no-

> sotros. Todos tus seres queridos aquí se levantaron de la mesa [y vinieron] al teléfono para escuchar tu voz, aunque solo fuera una palabra o dos. Ese día siempre lo recordaremos. Y todos esperamos que, en nuestra próxima reunión familiar, estés entre nosotros. Espero que sea pronto, porque, en lo que a mí respecta, no sabemos cuándo llegará el fin.[12]

Esa carta fue escrita en 1945. Mi padre, enredado con el trabajo y las deudas de la granja, todavía no podía volver. En 1948, su madre escribió: «Me gustaría escuchar vuestra música y vuestras canciones, y estar con todos vosotros. Lo estaré en mis pensamientos. Fritz me dijo en Basilea que tienes demasiado trabajo y que todavía no puedes venir. Yo comprendo que una granja como la tuya exige mucho trabajo. Me hubiera gustado verte, pero aguantaré y todavía tengo esperanzas de que nos reunamos».

Por fin, en el otoño de 1949, cuando la salud de la abuela había empeorado, mi padre compró un billete de barco para Europa. Él sabía que su madre estaba resistiendo hasta conseguir volver a verle. El dinero solo daba para un billete, por lo que se fue solo, mientras mi madre se quedó dirigiendo la granja y la casa. La visita de mi padre a Suiza duró seis semanas. Su madre dijo que su deseo se había hecho realidad y que ahora ya podía morir contenta.

Falleció pocos meses después. Pero justo antes de su muerte, llegó todavía una carta para mi padre, esta vez escrita por uno de los nietos: «Vuestra carta la ha hecho realmente muy feliz. Está muy contenta de que todos estéis bien. Os envía un fuerte abrazo».

La noticia de la muerte de Sophie Grossenbacher llegó, tal como es costumbre en Suiza, en un sobre con ribetes negros. A mi padre no le hizo falta abrirlo para saber de qué se trataba, y sintió un gran pesar. Al igual que les ocurre a muchos inmigran-

12 P. Boss, «The experience of immigration for the mother left behind: The use of qualitative feminist strategies to analyze letters from my Swiss grandmother to my father», «Families on the Move: Migration, Immigration, Emigration and Mobility», número especial de *Marriage and Family Review* 19 (3/4) (1993), pp. 365-378.

tes, su duelo se complicó porque no podía estar con su familia, en su tierra natal, para el funeral, el entierro y las lamentaciones y el recuerdo de la comunidad. Como estaba apartado de todos los ritos del duelo, se sentía solo y aislado. Recuerdo que, pese a que lo intentamos, fuimos de poco consuelo para él, porque de hecho nunca habíamos tomado parte activa en la vida de su madre, exceptuando aquella llamada telefónica.

Nuestro deseo de libertad y movilidad, y quizá de aventura, o nuestras necesidades económicas, pueden explicar por qué las pérdidas ambiguas son frecuentes aún hoy. La pérdida ambigua que se asocia con el desarraigo se coloca por encima de otras pérdidas de ese tipo, como las que se originan por las transiciones esperadas (los hijos que crecen y dejan la casa, los padres que envejecen y se hacen más débiles), y también por las pérdidas inesperadas como resultado del divorcio, el cautiverio o la desaparición. Esas pérdidas parciales afectan a nuestras vidas de forma importante. Podemos sucumbir a ellas o, como la mujer del piloto desaparecido, vencerlas y seguir adelante. O podemos adaptarnos y aguantar, al igual que Sophie Grossenbacher.

Nuestro legado personal y cultural influye en nuestra habilidad para superar la pérdida ambigua ocasionada por la inmigración. Según Salman Akhtar, un psiquiatra y psicoanalista de Philadelphia, muchos factores influyen en los resultados psicológicos de la inmigración.[13] Entre los que afectan a la adaptación de los inmigrantes a su nuevo hogar están si el traslado es permanente o no, si la mudanza ha sido voluntaria, las posibilidades de volver de visita al lugar de origen, la edad, el optimismo, la recepción en el nuevo lugar y la similitud entre el papel que desempeñan en el nuevo país con el de la tierra de origen. Bajo esos factores se encuentra la habilidad para mantenerse vinculados al país de origen mientras se arraigan en el nuevo.

Cualquiera que sea la causa de la pérdida no resuelta —la inmigración, la guerra, el divorcio, el segundo matrimonio o

13 S. Akhtar, «A third individuation: Immigration, identity, and the psychoanalytic process», *Journal of the American Psychoanalytic Association* 43 (3) (1995), pp. 1051-1084.

la adopción—, esa pérdida puede tener síntomas estresantes. La ansiedad, la depresión, las enfermedades físicas y los conflictos familiares afligen con frecuencia a los que no se adaptan a ella ni siguen adelante con sus vidas. Lo ausente, si no tiene algún tipo de cierre, permanece presente.

3. Decir adiós sin marcharse

El rostro del Alzheimer solo indica la ausencia.
Es, en su sentido más literal, una máscara.
JOHN BAYLEY, «Elegía a Iris»,
New Yorker, 27 de julio de 1998

La ausencia psicológica puede ser tan devastadora como la física. En ese tipo de pérdida ambigua, el ser querido está presente, pero su mente no. El traumatismo cerebral, la apoplejía y la enfermedad de Alzheimer son los principales responsables. El Alzheimer, sobre todo, es muy frecuente, y afecta a una de cada tres familias en Estados Unidos. El cineasta Meirendorf lo planteó sucintamente: «Las víctimas de la enfermedad de Alzheimer nunca se recuperan ni dejan de empeorar. Se agarran a los hilos raídos de lo que un día fueron: un maestro intenta montar el rompecabezas de un niño; un artesano juega con los juguetes que le recuerdan su oficio. Olvidan todo lo adquirido y desconocen las caras de los seres queridos. Los días interminables se suceden antes de que llegue la muerte. El Alzheimer puede ser la enfermedad más cruel».[1] En verdad, es cruel con el paciente, pero todavía lo es más con la familia. Con esa enfermedad, cuanto mayor sea la inseguridad de un miembro de la familia

1 *Losing lt All,* HBO Production, Time-Warner Productions, Inc., 1991. Documental escrito, editado y producido por M. Meirendorf. P. Boss ejerció como especialista.

sobre la condición del paciente en cuanto presente o ausente, mayor los síntomas de depresión de ese familiar.[2]

Centré mi investigación sobre los pacientes de Alzheimer en la experiencia de las familias que vivían con la enfermedad. Les solicité que me describieran los acontecimientos que les estresaron en particular. Los familiares se sorprendieron; estaban acostumbrados a que solo se les preguntara sobre la evolución del paciente. También aprendí de mis compañeros. Ann, terapeuta de familia e hija de una paciente de Alzheimer, me habló del dolor que experimentó cuando se dio cuenta de que su madre ya no la reconocía.

Ann había ingresado a su madre en una residencia, dada la gravedad de la demencia de esta. La visitaba con frecuencia, aunque eso implicaba una hora de viaje de ida y otra de vuelta. Un día, al llegar a la residencia, se encontró con que su madre llamaba «Ann» a todas las mujeres rubias de la planta, como si todas ellas fueran su hija. Ann se quedó desolada. «Mamá ya no me reconoce. ¿Por qué sigo viniendo aquí?» Ann se dio cuenta de que seguía yendo por sí misma. «A veces, apoyo la cabeza en su regazo y le pongo la mano sobre mi pelo, como ella acostumbraba hacer».

La fuerza de esa escena me hizo recordar un documental que describía la vida de Wes, otro paciente de Alzheimer, y su esposa, Lynn. A Wes se le diagnosticó esa enfermedad cuando estaba en la cuarentena, al igual que les había ocurrido a su padre y a su hermana. Estaba haciéndose pruebas en el hospital de veteranos, y no sabía decir en qué año estaba o el nombre del presidente. Cuando le preguntaban en qué día estaba, respondía: «Alrededor del mediodía, creo». Wes había sido piloto de la marina. Después del servicio militar, fue un pionero de la aviación comercial, un dirigente comunitario y un exitoso hombre de negocios. Ahora, en el jardín próximo a su casa, se desorienta y se muestra confuso sobre dónde está.

2 P. Boss, W. Caron, J. Horbal y J. Mortimer, «Predictors of depression in caregivers of dementia patients: Boundary ambiguity and mastery», *Family Process* 29 (1990), pp. 245-254.

Omer, el hijo de Wes, que cursaba la universidad, vino a casa tras el diagnóstico de su padre. «El Alzheimer le quitó la vida, lo que amaba, su aeropuerto, le sacó de la familia, le arrancó todo lo que tenía y lo que se había pasado la vida construyendo», explicó Omer. «Era un buen padre; tenía altos patrones morales, nos enseñó a no mentir, a no hacer trampas ni robar... Le respetaba por lo que era y por quién era. Se volvió atrás para ayudarnos, cuando éramos niños. Siempre procuró hacer lo mejor para nosotros... A papá le encantaban los deportes... Yo nunca pasé una fase de rebelión en la que odiara a mi padre. Le quería realmente mucho, siempre le he querido y todavía le quiero». Pero entonces Omer se desvía y habla de lo que se ha perdido: «Uno no puede relacionarse con él. Está ahí físicamente, pero no mentalmente. Y, por lo que me dice, no es mi padre. Mi padre murió hace unos cinco o seis años».

Lynn comparte la pérdida: «Es duro contemplarlo incapaz de hacer las cosas. No consigue hacer nada». Cuando está en la cocina, ella le encarga pequeñas tareas domésticas, pero para él hasta secar los platos es un reto. Lynn está pensativa cuando el marido deja la habitación. Habla con hesitación: «A veces... de vez en cuando, me parece o lo pienso: me estás dejando. Y ¡no quiero que te marches!» Hace una pausa, y sigue: «Pero no te puedes poner a pensar eso, o te quedas trastornada todo el tiempo. Por eso, me alegro de estar sencillamente con él».

Más tarde, ella trae al marido de vuelta a la habitación. «¿Recuerdas qué día es hoy?» le pregunta. «Ummmm, no» responde él, sin expresión. «Hoy es nuestro aniversario». Palmea el sofá como pidiéndole que se sienta junto a ella, y sigue: «He recibido una tarjeta de Omer y Kim», hace una pausa, y lee: «Que vuestro aniversario pueda ser un día para recordar todos vuestros momentos alegres y llenos de risas, los momentos sentimentales iluminados por el amor». Su voz se rompe. Levanta la mirada al marido enfermo y dice con suavidad: «Hoy hace treinta años que estamos casados». Él se ríe y exclama: «¡Fantástico!». «Te quiero», dice ella, poniendo el brazo alrededor de él. Wes no devuelve el abrazo; solo ríe tontamente y repite: «Yo también te quiero».[3]

Ann, Lynn y Omer vivían en esa zona gris de la ambigüedad, en la que alguien a quien querían desaparecía poco a poco. Della estaba viviendo una experiencia similar, pero en su caso la demencia se acompañaba de violencia. Ella vivía con el marido en una granja aislada de Dakota del Norte, donde se había acostumbrado a solucionar sus propios problemas. Pero el marido le estaba creando tantos problemas que ella, por fin, tuvo que pedir ayuda al grupo de apoyo de Alzheimer del condado. Cuando me la encontré en una reunión, dijo: «Ahora siempre está furioso, y nunca sé por qué. Una noche, con treinta grados bajo cero, simplemente se levantó y salió de casa. Desde el patio, me chilló: "Ahora te voy a decir adiós aquí". Se giró y no volvió a mirar atrás». Sabiendo que él se podría congelar rápidamente en una noche como esa, Della corrió al teléfono y llamó al *sheriff* y a su hermano para pedirles ayuda. Lo encontraron justo a tiempo.

«Anda mucho sin rumbo», contó en la reunión. «Las vecinas y yo lo tenemos que buscar a menudo en los campos de maíz. Pero me pongo a pensar: si me meto en el campo de maíz y me caigo, ¿qué pasa entonces?». Todos en la reunión se hacían la misma pregunta.

Della explicó que esa fase de la enfermedad de su marido, cuando él todavía podía caminar y seguía siendo más fuerte que ella, le resultaba la más difícil. «Una vez me agarró con un golpe de lucha libre. Me dolió mucho. Pero entonces me relajé y él hizo lo mismo, y me soltó». El grupo se sintió aliviado al oír que el marido de Della ya no estaba violento, pero todavía se preocupaban de que ella estuviera sola con él.

Las dificultades por las que estaban pasando Ann, Lynn, Omer y Della también angustiaban a Lydia y su familia. Estaba entrevistando a tres generaciones de una familia judía, en la que el abuelo, al que llamaré Sol, sufría la enfermedad de Alzheimer avanzada. La familia estaba en conflicto porque Lydia, la esposa de Sol, que tenía más de setenta años, estaba a punto de ingresar

3 *Losing It All.*

al marido en una residencia e irse a Florida para descansar con su hermana. La mayoría de los hijos adultos de la pareja pensaban que las cosas debían seguir como siempre habían sido: mamá debería quedarse con papá en casa y seguir cuidándolo allí. Pero la anciana esposa y la hermana de esta —y, sorprendentemente, un nieto adolescente— reconocían que el trabajo interminable estaba resultando demasiado para Lydia. Solo ellos estaban preparados para cambiar. Las tres generaciones le dieron vueltas al asunto durante horas, mientras yo planteaba la idea de que es correcto que los miembros de la familia que están sufriendo una pérdida ambigua tengan distintos puntos de vista con respecto a la presencia o la ausencia de un ser querido. Los familiares necesitaban sencillamente hablar unos con otros, como hacían en ese momento, y escuchar la percepción de los demás. Cerca del mediodía, alguien vino de la cocina para ofrecer comida. Una voz fuerte tronó en el fondo de la habitación, donde el hermano mayor del paciente había estado sentado en silencio: «¡Aquí no va a haber ninguna *shivah!* ¡Mi hermano todavía está vivo!» Con eso, la reunión se dispersó. Pero me había agradado. Juntos, los familiares habían aclarado algo de la ambigüedad. Sol todavía estaba allí. Lydia prosiguió con sus planes, ingresó al marido en una residencia y se tomó con su hermana unas vacaciones que le hacían mucha falta. Mientras estuvo fuera, los hijos y nietos se turnaron para visitar a Sol. Y gracias al tío Jake, todos tenían claro que no había ocurrido ninguna muerte.

Los ritos religiosos para llorar una muerte se reservan para los que están definitivamente muertos. Hay pocas ceremonias para consolarnos cuando nuestro ser querido solo se ha marchado en parte. Se deja a las familias entregadas a su propia suerte para que encuentren cómo hacer frente a esa situación. En una cultura que insiste en la solución de los problemas, es posible interpretar una muerte inminente como un fracaso. No obstante, se espera que los familiares sigan cuidando al ser querido que, de forma ambigua, han perdido, hasta el final. Sin embargo, no siempre está clara la cuestión de quién determina «el fin», sobre todo si las medidas heroicas entran en conflicto con los deseos de los vivos o de familiares ambivalentes.

Pocas personas, sean profesionales o miembros de la familia, pueden tolerar durante mucho tiempo una situación que no pueden controlar. El estrés es excesivo. A medida que persiste la ambigüedad aumentan los conflictos, no solo entre los miembros de la familia, sino también entre esos y los médicos. En verdad, incluso los trabajadores sanitarios no siempre están seguros de cómo deberían responder a las familias que luchan para hacer frente a una pérdida ambigua. En esos casos, la comunicación es muy importante; hasta decir a la familia «no sé qué va a pasar», en respuesta a sus preguntas sobre el futuro, es preferible al silencio. Para que las familias cuiden de sus seres queridos que padecen una enfermedad crónica cuando existen pocas respuestas, necesitan ayuda para ordenar las emociones que acompañan el trabajo de cuidadores en ese contexto de ambigüedad. Necesitan saber los efectos que tiene sobre ellos el duelo sin resolver. En mi práctica clínica, veo con frecuencia a clientes que se presentan con depresión y problemas de relación, pero raramente mencionan la pérdida y la ambigüedad cuando llaman para pedir la cita. El caso de Helen es típico. Al llamar, refirió sentimientos de tristeza y desesperanza que no desaparecían. Esos síntomas interferían en su trabajo de cirujana. Se sentía así desde que su compañero durante diez años, y que también era su socio en la consulta, la había dejado el año anterior. Al final de la primera sesión, le pregunté: «¿Puedes pensar sobre otras pérdidas que hayas sufrido en tu vida, las mayores que todavía recuerdes?». «¿Por qué importan ahora?», quiso saber. «Quizá no importen», respondí.

Helen volvió una semana después con una lista de sus pérdidas. Empezó a decirlas con deliberación, como si leyera la lista de compras: «Uno: una ruptura importante durante la facultad de medicina. Mi pareja se llevó una amante a casa. Tuve que echarlos a los dos. Para mí fue una gran pérdida, ya que le quería y pensaba que él también me quería a mí. Dos: mi madre tiene la enfermedad de Alzheimer; han pasado cinco años desde que me reconoció por última vez. Tres: he perdido algunos buenos amigos tras largo tiempo enfermos a causa del sida. Cuatro: mi hermano. Ya no nos hablamos: bebe demasiado. Antes estábamos muy unidos, pero él ya no es el chico dulce que conocí. Cinco [su voz cambió y habló más despacio]: mi amor durante diez años que me ha roto el corazón».

Helen se calló. Parecía que también ella se había sorprendido con la extensión y el *crescendo* de su lista. Entonces preguntó por qué solo con la última pérdida se había «venido abajo». Hablamos sobre el proverbio de «la última gota que hace rebasar la copa», y la idea de que las pérdidas no resueltas pueden acumularse. «Para recobrarte de esa última pérdida, puedes tener que volver a visitar las que han ocurrido antes. Todas hacen parte de tu experiencia», le sugerí.

Hablamos sobre la pérdida y la ambigüedad, y cómo las dos se mezclan y hacen difícil que uno pueda seguir adelante. Helen no había pensado antes de esa manera sobre el asunto. Nadie de su lista se había marchado con una ruptura limpia; todos habían desaparecido de forma gradual. Con tal cúmulo de pérdidas ambiguas (ella nunca había oído ese término antes), no era de extrañar que sus sentimientos de rechazo se mezclaran con los de impotencia. Como cirujana, Helen estaba acostumbrada a tener el control de la situación; las pérdidas ambiguas que sufría le causaban la sensación de desamparo al tiempo que desesperanza.

En la tercera visita, Helen y yo hablamos sobre lo que se había perdido para siempre y lo que todavía quedaba tras la ruptura de su relación más reciente. ¿Qué se podía reparar y qué no? Aunque el aspecto íntimo de la relación se había terminado, quedó claro que las relaciones profesionales con su expareja y, posiblemente, la amistad, podrían continuar. La idea de que no todo estaba perdido pareció darle alguna esperanza, algo a que agarrarse. Por primera vez, vi que su estado de ánimo mejoraba.

La cuarta vez que vi a Helen, hablamos sobre cómo podría proteger sus fronteras si fuera posible una relación revisada, en el caso de que el excompañero tuviera expectativas distintas. Resultó que las dos partes deseaban mantener la asociación profesional, de manera que existía un incentivo para mantener algo de lo que habían tenido juntos. Después de algún trabajo, a Helen le empezó a parecer que era posible que continuaran con su relación profesional, aunque la íntima hubiera terminado.

La última vez que vi a Helen, hablamos sobre su familia de origen y las muchas pérdidas ambiguas con que vivía. Ella había trabajado bien. Una vez que percibió la oportunidad, al tiempo que la ruina, en su ruptura, ocurrió un cambio. Dijo que ya había tenido una revelación semejante, cuando «perdió» a su madre a causa de la enfermedad de Alzheimer. «El regalo que me hizo mi madre cuando cayó en la demencia profunda fue mi padre», exclamó. «Cuando era pequeña, él siempre estaba fuera y trabajando; ahora, su único propósito es cuidar a mi madre. Él y yo por fin nos hemos llegado a conocer. Ahora sé que los dos me quieren».

Helen se marchó con una sensación de esperanza y optimismo. Lo último que supe de ella es que sigue su relación profesional con su expareja. Eso me recuerda un viejo axioma del circo: «El divorcio no es razón para terminar con el número».

La meta de todos nosotros es mantenernos imperturbables en medio de la ambigüedad, pero eso no es tarea fácil. La familia Sewell demostró una habilidad ejemplar en adaptarse a una situación difícil. Yo nunca había visto una familia así antes. La madre, Ruth, que por entonces tenía la enfermedad de Alzheimer avanzada, pero era alegre, había sido música. Sus tres hijos, todos artistas, formaban un equipo para cuidarla de un modo especial. Toro escribió en un libro sobre su madre:

> Sus médicos y otros doctores estuvieron de acuerdo en que ella tenía la enfermedad de Alzheimer. Durante varios años, no me hizo mucha gracia observar cómo la mente de mamá empezaba a transformarse. Era una mujer que había sido la fuerza dominante en nuestra familia a lo largo de muchos años. Una mujer que dio a luz a tres chicos y los sacó adelante con mi padre (un hombre modesto y tímido). Una mujer que coleccionaba muñecas y antigüedades, y que enseñó piano durante muchos años. Lentamente, empezó a volverse infantil, y a menudo preguntaba dónde estaban su madre y su padre, cuándo regresarían. Ese cambio nos resultó duro a todos. Sin embargo, ahora celebro mis momentos con mamá. Los considero de oro. Me gustaría poder estar más tiempo

> con ella. Está por entero aquí y ahora. Está casi siempre feliz, amistosa, alegre con todos, siempre preocupada por los demás. Es raro que coma algo sin primero ofrecérselo a quien esté con ella. A mamá le encanta la música y baila con frecuencia, sobre todo cuando Steve toca su Hoagie Carmichael o pone los discos de Art Tatum. Se ríe por la caída de un sombrero, y hace que estar a su lado sea un placer.
>
> Cuando se le dice que sus amigos la esperan, coge el abrigo con alegría y se marcha de casa por la mañana (cinco días a la semana), con su conductor del metro que la lleva a su «trabajo» (como lo denomina ella). Su «trabajo» es *Alter-care,* un servicio extraordinario de cuidados de día para las personas mayores como mamá. Es un sitio estupendo para ella. Lo dirigen dos mujeres a las que considero unas santas.
>
> Gracias *al Alter-care,* mis hermanos y yo podemos dejar a mamá en su propia casa, rodeada de las cosas que le son familiares. Es un gran reto para nosotros. Don [el hermano mayor], sobre todo, se ha comprometido con ese objetivo. Mis ratos con mamá están llenos de baile, risas, juegos de pelota, comidas y bromas. Me descubro el receptor de un amor completo e incondicional que es más dulce que la miel. No sé cuánto va a durar todo eso. No estoy seguro de cómo cambiará ella. Pero, por ahora, siento que estoy en presencia de un ser iluminado que es mi madre.[4]

Esa familia, quizá a causa de su creatividad, no se resistió demasiado al cambio. En lugar de eso, disfrutaron de la nueva manera de ser de la madre y aprendieron de ello. Se quedaron encantados cuando, una mañana, ella resumió su situación al declarar: «Yo no soy ficticia».[5]

El acercamiento de la familia Sewell a la pérdida ambigua es único en el sentido de que los hermanos lograron percibir a su madre como todavía presente, incluso desde el punto de vista psicológico. Ellos sencillamente se tomaban ahora sus palabras como un lenguaje especial y consideraban sus actitudes

4 T. Sewell, *Mom's Quotes,* autoedición, 1991.

5 *Id., I Am Not Fictional,* video en preparación.

infantiles como encantadoras. Hasta en la demencia, las palabras de ella tenían sentido de algún modo: «Estoy fuera del marco», o «las nubes están llegando, se olvidan de las cosas». Su hijo Tom interpretaba las palabras de la madre como una especie de poesía vanguardista:

> Tom: ¿En qué piensas cuando me miras?
> Mamá: Te quiero... muchísimo. Debes de tener tres o seis, no lo sé.
> Tom: ¿Tres o seis qué?
> Mamá: Paz, no lo sé.
>
> Mamá: ¿Cuál es tu número, cariño?
> Tom: Quieres decir ¿cuál es mi nombre?
> Mamá: Sí. ¿Cómo te llamo?
> Tom: Tom.
> Mamá: ¿Dónde está papá? [su marido]
> Tom: Murió hace cerca de cinco años.
>
> Mamá: Ah, ¿él no siguió?
>
> Mamá: Me alegra que nos encontráramos con papá antes de que muriera.
>
> Mamá: ¿Quién eres?
> Tom: Soy Tom. ¿Quién eres?
> Mamá: ¿Nada?
> Tom: ¿Nada?
> Mamá: No hay nada aquí. Pensé que estaba yo, pero no estoy.
>
> Mamá: ¿Nunca besas a tu madre y tu hijita por las noches? Pues quiero algo de eso ahora mismo.
>
> Mamá: Ah, señor, ¿puede ayudarme usted? Si pudiera le diría a mi madre, mi padre y mis hijos que [soy] yo. Elegante era elegante.

Mamá [habla sobre sus padres]: ¿Por qué nos han dejado? Solo somos unos niños.

Mamá: Creo que cogieron las cosas y se fueron.
Tom: ¿Quiénes?
Mamá: El padre y la madre [los padres de ella].

Cuando estaba en esa casa, observando cómo los tres hombres atendían a la madre, pensé en Rilke: «... sé paciente con todo lo que está sin resolver en tu corazón y procura amar las preguntas por sí mismas, como habitaciones cerradas o libros escritos en una lengua muy extraña... De eso se trata, de vivirlo todo. Vivir las preguntas ahora. Tal vez logres entonces, poco a poco, sin darte cuenta, vivir algún día en la respuesta».[6]

Ruth estaba de hecho en alguna habitación cerrada y hablaba en una lengua extraña, pero sus hijos aceptaron las preguntas, y también la falta de respuestas. La situación mental de la madre no les había paralizado. Recuerdo una vez que me invitaron a una fiesta en su casa, unas vacaciones. Llegué tarde, y la fiesta estaba en pleno apogeo. Subí a la primera planta con el abrigo, y me sorprendió ver que el dormitorio de Ruth estaba vacío. Me pregunté si habría muerto. Bajé la escalera preocupada, pensando qué diría. Sin embargo, para mi sorpresa, ella estaba en el salón, vestida de lentejuelas y rodeada por un grupo de amigas artistas y vecinas, todas cantando y riendo. Cuando el vaso de ponche de Ruth se inclinaba de modo precario, alguien lo alcanzaba y se lo enderezaba sin más. La gente le hablaba y viceversa; no parecía importarle a nadie que sus palabras fueran incoherentes. Recordé todas las fiestas a que había ido y en las que la conversación era igual de absurda, pese a que nadie sufriera de Alzheimer.

El objetivo de mis investigaciones ha sido siempre aprender cómo disminuir el grado de estrés de los que cuidan a un familiar que se ha ido, pero todavía está aquí. La familia Sewell me mostró, tanto como lo haría cualquier investigación formal, una

6 R.M. Rilke, *Cartas a un joven poeta*, Madrid, Alianza Editorial, 2012.

manera más positiva, tanto para el paciente como para la familia, de vivir con una pérdida ambigua. Ellos pasaban por alto las convenciones, al continuar con la parte alegre de su vida en común; no hablaban de tragedia. Tal vez su sensibilidad artística les ayudara a ajustarse al cambio en la familia. No consideraban que su madre se hubiera «marchado»: sencillamente, aprendieron a cambiar día a día su visión, según lo que trajera la enfermedad de ella. Hasta conseguían disfrutar su nueva manera de ser. Por supuesto, no todos los pacientes de Alzheimer son tan alegres, pero la resistencia y creatividad extraordinarias de los Sewell pueden servir de inspiración a todos los que se enfrentan a ese tipo de pérdida.

La pérdida ambigua no resulta solo de las enfermedades mentales crónicas, sino también de las despedidas poco claras de la vida cotidiana. Un ejemplo demasiado frecuente es la preocupación con el trabajo. Cuando la persona a la que queremos está continuamente obsesionada por el trabajo, esa persona no está disponible de verdad para nosotros.

Phil, después de hacer terapia de grupo con su esposa Marge, empezó a llegar más pronto a casa, pensando que eso solucionaría la queja de ella, o sea, que él se había alejado demasiado. Pero no lo hizo. La tensión continuó. Como dijo Marge, él seguía «en el despacho. ¡Siempre tiene la cabeza en la cartera!». Phil asintió: «Estoy en casa, pero me siento como si todavía tuviera algo a mi alrededor, como film transparente. Sigo en el trabajo hasta cuando estoy en casa».

Phil estaba presente físicamente, pero ausente psicológicamente. Hubiera sido preferible que se quedara en la oficina, ya que su falta de disponibilidad resultaba incluso más estresante para su mujer y sus hijos ahora que si estuviera fuera de vista por completo. Tener un padre en casa no garantiza una familia intacta.

Hoy en día, los hijos esperan a que sus madres, al igual que sus padres, vuelvan a casa tras un largo día de trabajo. Pero los padres, más que las madres, están muchas veces en la periferia de la familia incluso cuando están en casa, y emplean gran parte de su tiempo en el despacho o el garaje, o con deportes o aficiones, o centrados nada más que en el trabajo, los juegos de ordenador o la televisión. Nuestra familia no está necesariamente intacta solo porque vivimos juntos en la misma casa.

Para las familias (y para Marge y Phil), el desafío es mantener los lazos psicológicos tanto como los físicos. Eso acostumbraba ocurrir en muchas familias, al menos en la mesa de la cena, pero ese rito a menudo ha sido sustituido hoy en día por el de picar algo o comer solos, incluso cuando todos están en casa. Eso es perturbador. A menos que exista algún tiempo para que los familiares estén juntos desde el punto de vista psicológico (emocional y cognitivo), la familia psicológica puede desaparecer. Si no tenemos tiempo para hablar, reír, discutir, compartir historias y mostrarnos afecto, solo somos un conjunto de personas que compartimos la misma nevera.

La ausencia psicológica también es un fenómeno de las familias inmigrantes, y afecta en especial a los niños pequeños. Con frecuencia, los padres y los abuelos que han emigrado sienten nostalgia y melancolía, y están preocupados por los seres queridos que están lejos. En ese caso, no están disponibles, desde el punto de vista emocional, para los hijos.

Por consiguiente, en las familias inmigrantes los dos tipos de pérdida ambigua, la psicológica y la física, pueden ocurrir simultáneamente en generaciones distintas. Mi propia familia sufrió esa herencia doble por intermedio de mi abuela materna, Elsbeth, que se vino voluntariamente a Estados Unidos, pero no pudo volver a Suiza a visitar a su madre, a causa de la difícil situación económica durante la Depresión y la imposibilidad de cruzar el Atlántico durante la Segunda Guerra Mundial. Según parece, nunca se amoldó a la vida en Norteamérica. Al estar separada físicamente de su madre, sus hermanos, sus amigos, y de los Alpes que tanto amaba, Elsbeth no se adaptó nunca a su nuevo medio. «Su pensamiento estaba siempre en Suiza», decía mi madre. Probablemente, Freud hubiera diagnosticado su añoranza crónica como «melancolía». Pero, cualquiera que fuera la etiqueta, la preocupación de mi abuela por su pérdida física originó una pérdida psicológica en su hija Verena (que vendría a ser mi madre). Cuando le preguntaba a mi madre cómo vivió esa situación, me contó esta historia:

> Nunca lograba llegar hasta ella. Cuando volvía del colegio —yo estaba en el tercer o cuarto curso de primaria— me encontraba a mamá junto a la ventana de la puerta, inmóvil, mirando siempre al este. Decía, en su dialecto, que miraba hacia el *Heimatland.* Los platos del desayuno todavía estaban en la mesa, las camas sin hacer y no había nada listo para la comida. Incluso entonces yo sabía que su comportamiento no era normal. Las otras madres no se portaban así.
>
> A medida que fui creciendo, me di cuenta de que mi madre no estaba presente del todo. Uno podía saber cuándo tenía la cabeza en Suiza. Al principio, cuando se ponía así, yo intentaba traerla de vuelta. Pero se ponía furiosa, muy furiosa, y lo descargaba con nosotros los hijos, sobre todo conmigo. Una vez, cuando yo tenía diez años, amenazó con matarse, y a partir de entonces no volví a molestarla cuando estaba de esa forma. Al final, se metía en la cama. Casi siempre estaba mala, por lo que yo tiraba adelante, y hacía las tareas de casa y cuidaba de mis hermanos.

Sin duda, las causas de la depresión y la melancolía de Elsbeth eran múltiples, pero decididamente el hecho de que estuviera separada físicamente de su madre y sus hermanas cuando más necesitaba su apoyo aumentó su sufrimiento. Se trastornó, y no estaba disponible para su propia hija. La joven Verena tuvo que valerse por sí misma.

> Cuando terminé el octavo curso, pasé a trabajar para otra señora como empleada de hogar.[7] Ella me enseñó a cocinar y a mantener

7 Willa Cather, *My Antonia,* Boston, Houghton Mifflin Co., 1918, p. 127 [trad. cast.: *Mi Ántonia*, Barcelona, Alba Editorial, 2000]. La novelista Willa Cather escribió sobre las chicas inmigrantes que salieron muy jóvenes de casa para trabajar como empleadas de hogar en casas ajenas.

> la casa limpia. No llegaba a ser maternal, pero por lo menos me hablaba y me enseñaba cosas. Me di cuenta de que la vida familiar podía ser de otra manera. Cuando cumplí los dieciocho, me casé con un inmigrante suizo de una granja vecina. Él fue bueno conmigo. Tuve una vida mejor después de casada, y con eso borré la otra. Miraba la cosa de esta manera. La culpa no era de mi madre. Ella nunca, nunca se acostumbró a vivir en este país. Atada al marido y a los hijos, y sin dinero propio, se encontraba atascada. No podía volver ni seguir adelante.

Al igual que Elsbeth y Verena, otros padres inmigrantes y sus hijos deben encontrar muchas veces su propia manera de enfrentarse a la pérdida ambigua. Los expertos legales, religiosos o médicos normalmente no la tienen en cuenta, y los amigos y parientes en general no son conscientes de que ese fenómeno existe. La devastación que causa el dolor sin resolver no hace más que intensificarse cuando nadie lo valida. Los vecinos dicen cosas por el estilo: «¿De qué te quejas? Tienes suerte de estar aquí». «Tienes a tu marido y tus hijos; ¿a quién más puedes necesitar?». «Deberías dar las gracias por que tu madre esté viva, aunque no la vayas a volver a ver nunca más». Y frases por el estilo. A los demás les cuesta entender las pérdidas parciales, por lo que estas resultan todavía más confusas para los que las sufren.

Los médicos acostumbran prescribir antidepresivos a los pacientes con síntomas de duelo no resuelto. Sin embargo, aunque la medicación pueda, por supuesto, resultar benéfica en muchos casos, a veces no basta para ayudar a los familiares que tienen que vivir con una pérdida ambigua. Los terapeutas profesionales, para que puedan ayudar a las personas a retomar una vida sana y productiva, deben escuchar sus historias y preguntar sobre el estrés que sufren, y no centrarse solo en los síntomas evidentes, o únicamente en el miembro de la familia que padece los síntomas. Por supuesto, las valoraciones de rutina que realizan los médicos especialistas son necesarias cuando una persona presenta síntomas físicos o psicológicos, pero también se debe tener en cuenta su vida familiar. La familia es nuestro entorno más cercano; por lo tanto, las pérdidas que ocurren en una familia, sean claras o ambiguas, adquieren una importancia especial para determinar la mejor forma de ayudar a los que luchan por avanzar más allá del dolor.

4. Las emociones contradictorias

Incluso una persona normal se siente como si tuviera dos almas en el pecho.
EUGEN BLEULER, *Tratado de Psiquiatría*

Los que experimentan una pérdida ambigua están llenos de pensamientos y sentimientos conflictivos. Temen la muerte de un familiar que está enfermo y desahuciado, o que ha desaparecido de forma misteriosa hace mucho tiempo, pero también desean que esa espera tenga un cierre y un fin. Pueden incluso sentir rabia de alguien que aman por mantenerles en el limbo, y a seguir consumiéndose en la culpa por tener ese tipo de pensamientos. La tensión derivada de esas emociones conflictivas, sobre todo cuando no se reconoce el dolor sin solucionar de los familiares, se vuelve tan poderosa que estos se paralizan a mitad de su camino. No pueden tomar decisiones, no pueden actuar y tampoco liberarse.

Durante más de un siglo, el concepto de ambivalencia ha sido central en psicología y psiquiatría, y se ha dirigido básicamente hacia los impulsos antagónicos en la psique.[1] En general, se subentiende que indica un conflicto entre los sentimientos positivos y negativos hacia determinada persona o conjunto de

1 A. Lazare, *Outpatient Psychiatry: Diagnosis and Treatment*, Baltimore, Williams & Wilkins, ²1989, pp. 389, 393; L. A. King y R. A. Emmons, «Psychological, physical, and interpersonal correlates of emotional expressiveness, conflict, and control», *European Journal of Personality* 5 (1991), pp. 131-150.

ideas. La resolución de la ambivalencia radica en esencia en ayudar a la persona a reconocer sus sentimientos conflictivos. Desde el punto de vista psicológico, el problema es que, por lo general, algunos sentimientos sobre una relación son más accesibles a la consciencia del individuo que otros.

Pero la sociología proporciona otra perspectiva.[2] Según ese punto de vista, la ambivalencia se deriva de mezclar los elementos cognitivos (tales como las definiciones sociales de los papeles y la posición social) con los emocionales (que incluyen los condicionamientos y el comportamiento aprendido). Por lo tanto, desde esa perspectiva, la ambivalencia puede estar producida por la ambigüedad de no saber a quién se incluye en la estructura que se supone que es la familia de uno. Los impulsos contrapuestos que existen en la psique son a menudo una consecuencia de esa incertidumbre.

Muchas veces, la ambivalencia se intensifica por deficiencias exteriores a la familia: los funcionarios no consiguen encontrar a una persona perdida o los médicos especialistas no logran diagnosticar con exactitud, o curar, una enfermedad devastadora. A causa de la ambigüedad, los seres queridos no consiguen aclarar su situación y, emocionalmente, se sienten arrastrados en direcciones opuestas: el amor y el odio por la misma persona; la aceptación y el rechazo de su papel de cuidadores; la afirmación y la negación de su pérdida. A menudo, las personas creen que deben reprimir sus emociones y controlar sus sentimientos de agresividad porque las normas sociales prescriben que alterarse es inapropiado y solo perjudicará todavía más a la persona desaparecida, al anciano demente o al niño comatoso. Esa es la traba,

2 M. Robert y E. Barber, «Sociological ambivalence», *Sociological Ambivalence and Other Essays,* Nueva York, The Free Press, 1976, pp. 1-31. Véase también A. Weigert, *Mixed Emotions: Certain Steps toward Understanding Ambivalence,* Albany, State University of New York Press, 1991; R. McLain y A. Weigert, «Toward a phenomenological sociology of family», en W. R. Burr, R. Hill, F. I. Nye y I. L. Reiss, (comps.), *Contemporary Theories about the Family,* vol. 2, Nueva York, The Free Press, 1979, pp. 160-205. Para trabajos más recientes, véase K. Luescher y K. Pillemer, «Intergenerational ambivalence: A new approach to the study of parent-child relations in later life», *Journal of Marriage and the Family* 60 (1998), pp. 413-425.

sobre todo para las mujeres, que son las que con más frecuencia desempeñan el papel de cuidadoras, o las que esperan al ausente.

Las emociones contradictorias se combinan cuando una separación envuelve el potencial de una pérdida irrecuperable. Cuando existe la posibilidad de que no volvamos a ver jamás a un ser querido, nos protegemos de la perspectiva de perder a esa persona volviéndonos ambivalentes: manteniendo al cónyuge a distancia, peleándonos con los padres o apartando a un hermano cuando todavía está presente físicamente. Al anticipar la pérdida, nos agarramos al ser querido al tiempo que lo alejamos de nosotros. Nos resistimos a su marcha y, al mismo tiempo, deseamos que esta termine con un adiós.

Muchas esposas de pilotos militares que volaban en misiones peligrosas sobre Vietnam me contaron que los últimos días de las cortas licencias o reuniones de recuperación que pasaban con ellos en Hawái o Bangkok a menudo terminaban mal. La pareja se peleaba o uno de ellos se apartaba, saliendo solo o, sencillamente, mirando al vacío. «Fue como si nos separáramos antes incluso de que él se marchara», dijo una de las mujeres. Y entonces empezó su culpa.

Verifico una dinámica similar en las personas que están a punto de despedirse de un ser querido en situaciones menos extremas, como, por ejemplo, cuando los hijos se marchan fuera a estudiar en la universidad. Eso también es una pérdida ambigua. Todos los otoños, muchos padres experimentan ambivalencia con respecto a esa transición; se sienten felices y simultáneamente tristes al ver que sus hijos dejan la casa. Algunas veces, como para hacer que la separación sea más fácil, los padres buscan peleas con los hijos, justo antes de que estos se marchen. Las pérdidas inminentes tienen como resultado los pensamientos y los sentimientos ambivalentes incluso en las situaciones cotidianas.

Aunque ese tipo de sentimientos contradictorios es normal en las relaciones humanas, puede resultar abrumador cuando el paradero de un ser querido permanece ambiguo durante años. Considérese el ejemplo de una madre que renunció a su hijo. En la década de 1940, esa mujer se apasionó profundamente de un marino que murió antes de que se pudieran casar, y dio a luz a un niño, al que entregó en adopción. Medio siglo después, afirmó en una entrevista en la televisión que había pensado en ese niño «todos los días en los siguientes cincuenta años». «Entonces, ¿lamenta usted su decisión de renunciar a su hijo?», le preguntó el entrevistador. «Bueno... tengo sentimientos encontrados sobre eso», respondió. Explicó que esos sentimientos se originaron por el miedo que tenía a lo que la sociedad podía hacer a su hijo. En la década de los cuarenta, la ciudad hubiera rechazado al hijo de una madre soltera. Su hijo hubiera sido estigmatizado. «Por eso, me alegro de que él haya tenido la oportunidad de crecer en una familia normal», dijo, pero añadió enseguida: «¡Nunca he dejado de pensar en él!».

El que esa mujer pensara constantemente en su hijo es un indicador de ambivalencia, pero en ese caso las normas sociales, y no una deficiencia psicológica, eran las que alimentaban la ambivalencia. Años más tarde, después de mucho investigar por Internet, ella encontró por fin al hijo, que igualmente la había estado buscando. Tras el encuentro, ella dijo: «Cuando das a tu hijo en adopción, es como si faltaran los primeros capítulos de tu vida. Ahora tengo las páginas perdidas de la historia de mi vida. Me siento completa».[3]

La pérdida ambigua desdibuja los límites claros de una pareja o familia, y lleva a que las personas se cuestionen sus relaciones más íntimas. Se vuelve borroso quién está dentro y quién no. El miedo y la rabia se mezclan con la confusión. Como terapeuta de familia, oigo con frecuencia preguntas como: «¿Soy todavía una madre?», «¿Tengo o no un marido?». «¿De verdad estoy casada?». Incluso en las familias que no sufren una pérdida ambigua, a menudo no existe gran consenso sobre quién integra la familia. Pida sencillamente a sus hijos o a su marido que dibujen un círculo que represente los límites de la familia. Luego, pídales que dibujen dentro del círculo a todos aquellos que consideran que están dentro de la familia, y que indiquen cuán cercanos ven a cada familiar. Usted se sorprenderá con la variación. De-

3 *Good Morning America,* American Broadcasting Company, diez de mayo de 1997.

terminar quién está dentro o fuera de la familia es, al fin y al cabo, un asunto individual, pero, para que una pareja o familia funcione sin conflictos, es necesario que se alcance algún acuerdo sobre quién conforma el círculo más íntimo. La percepción presenta una variación importante de familia a familia (por ejemplo, las familias con segundas nupcias en contraposición a las con un solo matrimonio) y de cultura a cultura, pero, desde que existe cierto entendimiento entre los familiares, la gente puede evitar con frecuencia los efectos devastadores de la pérdida ambigua.

Esas determinaciones se hacen eón muchas voces, pese a lo cual algunas tienen claramente más influencia que otras. Mientras un niño puede ver al padre y a la madre dentro de la familia, los padres, sobre todo si están en guerra, pueden discrepar con vehemencia y verse uno al otro fuera de la familia. Eso ocurre con independencia de la condición de casados, divorciados, casados en segundas nupcias o solteros. En esos casos, es frecuente, por ejemplo, que un miembro de la pareja no vaya a la fiesta de cumpleaños del hijo si el otro está presente. A lo largo de los días festivos, esos hijos, hasta cuando ya son adultos, tienen que hacer la ronda por varias casas porque los padres no toleran la presencia del otro incluso durante unas pocas horas. Al final, el hijo se vuelve ambivalente con respecto a ver a cualquiera de los padres, ya que la tensión es muy alta. El hijo, atrapado entre los padres que se pelean, se queda paralizado. No es necesario que exista siempre un acuerdo sobre los límites de la familia, pero si persisten esas percepciones extremas la ambigüedad termina por causar ambivalencia y, más tarde, relaciones problemáticas.

No hace falta más que preguntar a las familias con segundas nupcias que abarcan «los hijos de él», «los hijos de ella», «los hijos de ellos», y que todavía se vuelven más complejas con la suma de parientes, parientes políticos y abuelos múltiples. No es de sorprender que, en esas situaciones, los miembros de la familia a menudo perciban de forma diferente los límites familiares.

En las familias con segundas nupcias, el hijo cuyos padres tienen nuevos cónyuges puede sentir como una pérdida, aunque confusa, la ausencia del progenitor que no posee su custodia. Los acuerdos de divorcio que separan a hermanos y hermanas también pueden constituir una pérdida para los niños. La incertidumbre sobre quién todavía está con ellos puede conducir a la ambivalencia. ¿Es este mi hermano, o solo el hijo de la novia de mi padre? ¿Es esta mi madre o solo la esposa de mi padre? ¿El nuevo marido de mi madre es ahora mi padre o solo su nuevo marido? Nada es claro, por lo que las emociones se mezclan.

La ambivalencia puede dañar el tejido familiar incluso cuando no existe el divorcio. A veces, las consecuencias son peligrosas. Me remitieron la familia de una chica de quince años que había prendido fuego dos veces a la cama de su madre. Habían ingresado a Trish para tratamiento, y ella estaba a punto de recibir el alta. Yo debía preparar a la familia para su regreso a casa. Todos, con excepción del padre, se mostraban nerviosos por tenerla de vuelta. La madre y el padre tenían una relación repleta de críticas y conflictos. Provenían de entornos culturales distintos: él del griego y ella del Medio Oeste norteamericano. Diferían mucho en sus expectativas sobre lo que deberían ser las relaciones maritales y familiares. Él creía en el patriarcado y le parecía que dirigía todo, aunque estuviera fuera la mayor parte del tiempo. Ella era capaz de cuidar de la casa y los niños cuando él no estaba, pero ansiaba por contar más con su compañía. «Mamá no disfruta mucho», dijo uno de los hijos. La madre asintió. El padre dijo que, cuando no estaba trabajando o asistiendo a conferencias profesionales, le gustaba emplear el tiempo visitando a sus hermanos, que también residían en este país. «Yo estoy a favor de la familia, pero ¿qué familia? Mientras él está con ellos, yo me quedo varada en casa. No logro apartarme de los niños muy a menudo», suspiró su esposa.

«¿Qué le gustaría hacer si los niños pudieran cuidar de sí mismos durante un tiempo?», pregunté. «Lo que de verdad me gustaría es que mi marido dijera: "¡Vámonos una semana de vacaciones!"», respondió enseguida. El marido se portó como si no la hubiera oído, y respondió sin venir a cuento: «Me gusta que mi familia esté siempre conmigo cuando estoy en casa: todos juntos. Me siento bien cuando estamos todos juntos». Le pregunté si le gustaría que esta familia fuera más parecida a la familia que perdió cuando se vino a Estados Unidos. Por primera vez, sus ojos se humedecieron. Pero se controló rápidamente: «Allí, mi padre era la ley».

La hija incendiaria no era el único aspecto preocupante de esa familia. Había otras señales de problemas importantes: el hijo mayor golpeaba a la madre cuando ella no hacía lo que él quería. El padre no respaldaba a la madre; no castigaba al hijo, ni le decía que dejara de portarse así. La madre sentía que nadie estaba de su lado y tenía miedo, sobre todo ahora que su hija estaba a punto de volver. El padre quería a la hija en casa, y se veía a sí mismo como la autoridad última.

Como se trataba de un caso difícil, solicité la ayuda de un coterapeuta. También pedí una consulta con Carl Whitaker, de la Universidad de Wisconsin. «El complejo de Electra»,[4] murmuró. «Pero asegúrate de examinar todo el panorama». Whitaker consideraba que el contexto era clave en el tratamiento de los problemas individuales.

Cuando la familia llegó para la sesión siguiente, mi coterapeuta y yo nos sorprendimos al ver que Trish había venido con la familia. Se la había enviado a casa a prueba, pese a los temores de la madre. Con ese peligro inmediato, me pregunté si se podía justificar emplear la sesión en investigar los deseos inconscientes y los símbolos sexuales de esa joven Electra.

Pero, mientras hablábamos, Trish reveló una información crucial. Mencionó por casualidad algo respecto a su «primer fuego». Yo supuse que se refería a la primera vez que le prendió fuego a la cama de la madre. «No», dijo. «¡Hablo del primer fuego! El del campamento, cuando mis ropas se prendieron. Yo estaba asando merengues junto a la hoguera. Me quemé mucho». Respiré hondo. Nadie había mencionado antes ese fuego. No cons-

4 A.M. Freedman, H. l. Kaplan y B. J, Sadock, *Modern Synopsis of Comprehensive Textbook of Psychiatry*, Baltimore, Williams & Wilkins, 1972, p. 105. El complejo de Electra sería la versión femenina del complejo de Edipo, con el añadido de la envidia del pene. La niña haría responsable a su madre por la deficiencia y nunca la perdonaría, reaccionando con una intensa sensación de pérdida y daño.

taba en ninguno de los informes que yo había recibido de la institución. Llamé y pregunté a su terapeuta si sabía algo de ese fuego. Respondió que no. Casi se había pasado por alto ese trauma de origen externo que había lanzado a la familia a la confusión, porque el centro había estado en la psique de Trish y no en su experiencia o en la de la familia como un todo.

Empleamos semanas en hablar de ese acontecimiento traumático, pero el dolor de la familia, más que en el fuego, parecía radicarse en las pérdidas ambiguas. La madre expuso la vieja rabia que sentía hacia el marido por haber permanecido fuera, en una convención, durante los primeros y horribles días en que Trish estaba en el hospital con quemaduras de tercer grado. El día en que había que extraer la piel quemada (una experiencia extremadamente dolorosa para Trish) él llamó para decir que no podía venir a casa, con lo que la madre tuvo que enfrentarse sola al sufrimiento de la hija de ambos. La mujer nunca perdonó al marido por no estar con ella y la hija en un momento tan difícil.

Un terapeuta podría haberse acercado de distintas formas al problema de esa familia, pero una cosa estaba clara: el primer fuego no era culpa de ninguno de sus miembros. Sin embargo, el dolor de esa familia venía de algo más que las quemaduras de tercer grado de la hija. Por todas partes estaba la incertidumbre y el sufrimiento del abandono: los padres no estaban presentes uno para el otro ni para los hijos. Aunque los problemas en esa familia eran complejos, la pérdida ambigua claramente causaba una buena parte de su dolor. El padre no estaba presente físicamente para su esposa e hijos; cuando estaba en casa, era autoritario, por lo que permanecía distante. A esa ausencia psicológica se sumaban su gran preocupación por su familia de origen y la ambivalencia que sentía a veces con respecto a estar con su propia esposa e hijos. Echaba en falta su país natal y su familia de origen, pese a que planteó la cuestión de la ira no solucionada contra su padre autoritario, ahora fuera de alcance. Las pérdidas ambiguas de su esposa se centraban en estar casada con un marido que permanecía la mayor parte del tiempo ausente: a menudo físicamente y casi siempre psicológicamente. Las pérdidas ambiguas de los hijos se derivaban de tener un padre que permanecía ausente psicológicamente incluso cuando estaba en casa, y una madre que estaba todo el tiempo preocupada con la falta de disponibilidad del marido. Por último, toda la familia era despegada, incapaz de hablar y relacionarse libremente, sin amenazas de abuso o abandono. Nadie estaba realmente con nadie. Tanto los padres como los hijos eran ambivalentes sobre la proximidad y la distancia, el amor y el odio, la expresión de la ira y su represión, hasta que todo había explotado de una forma peligrosa.

Es más frecuente que los hijos y los padres muestren sus sentimientos contradictorios sobre la presencia y la ausencia de formas menos peligrosas. Es normal albergar sentimientos mezclados: los padres que quieren mantener cerca a los hijos y al mismo tiempo desean que vuelen libres; los hijos que se quieren marchar, pero también quedarse. Pero en la mayoría de las veces, la ambivalencia es consciente. Se habla sobre ella, e incluso se hacen bromas sobre el asunto. La comunicación salva a las personas de las emociones encontradas que a menudo se derivan de la ambigüedad.

A veces, sin embargo, puede que uno no quiera una respuesta clara sobre la ausencia o presencia de la persona a la que se ama. Cuando eso ocurre, la ambigüedad florece. Considérese la historia de *Madame Butterfly,* en la que Gallimard, un diplomático francés destinado en China, mantiene una aventura amorosa con un cantante de ópera al que supone ser una mujer.[5] Hubiera sido posible la verificación de su sexo, y en determinado momento Butterfly se ofrece a calmar la curiosidad de Gallimard quitándose la ropa delante de él. Pero Gallimard lo rechaza, al no desear realmente conocer los hechos. Su ambivalencia sobre su propia orientación sexual crea una vaguedad cómoda sobre el sexo de Butterfly y mantiene la ambigüedad inherente a la relación. Para un hombre que no logra aceptar la idea de que podría amar a otro hombre, no saber es más seguro que saber.

En la obra, que se basa en una historia real, los hechos estaban disponibles, pero de forma inconsciente no se los deseaba. Siempre que Gallimard sospechaba, Butterfly bajaba los ojos,

5 D. H. Hwang, *M. Butterfly,* Nueva York, Plume, 1989.

como diciendo: «Soy tímida, como es la costumbre china para las mujeres, pero si insistes me tumbo completamente desnuda delante de ti... porque te amo tanto». Era en última instancia una situación sin salida, y Gallimard siempre desistía. Butterfly llegó incluso a presentar a Gallimard un niño que este creyó suyo. Si la relación duró tanto a causa de la homosexualidad latente de Gallimard, o si fue gracias a una actuación extraordinaria por parte de Butterfly, Gallimard nunca pareció darse cuenta de los hechos mientras los dos vivían juntos durante más de dos décadas.

Aunque no he llegado a ver a parejas con una ambivalencia tan extrema como la de Gallimard —o la de Betty Cox en su relación con el músico de jazz Billy Tipton, nacido Dorothy Lucille Tipton—, sí me encuentro con familias y parejas que experimentan emociones contradictorias porque la presencia o ausencia de un miembro de la familia está disimulada. Esas familias no están seguras sobre la situación de un ser querido en la familia, aunque los demás no lo estén. La gente les dice: «¡Abre los ojos! Tu padre no debería conducir más; él ni siquiera sabe a dónde va», «tu madre no es que solo se esté volviendo mayor y olvidadiza; tiene demencia. Ya no la deberías dejar que encendiera el horno», o «tu padre ha desaparecido y no van a encontrarlo nunca. Desiste de buscarlo». No resulta fácil oír esas cosas, porque significan que la pérdida es irreversible. Es comprensible que prefiramos la ambivalencia a la resolución del dolor, porque, al menos temporalmente, preserva la situación y nos deja libres de culpa. No se le puede reprochar nada a nadie porque todavía no se ha perdido nada.[6]

También existen giros contemporáneos en la relación entre la ambivalencia y la ambigüedad. A medida que la tecnología produce avances tanto en el diagnóstico de las enfermedades como en la identificación de los que padecerán determinados trastornos, las personas deben decidir cuánto quieren saber. Por ejemplo, hoy en día se encuentran disponibles las pruebas médi-

6 El sentimiento de culpa es un tema central en el tratamiento de la ambivalencia. Sin embargo, todavía está sin investigar la cuestión de cómo enfocar el sentimiento de culpa cuando la persona sufre una pérdida ambigua que no puede solucionarse.

cas para enfermedades tan serias como el cáncer de mama y de próstata, el sida, la enfermedad de Lou Gehring, la enfermedad de Huntington y la de Alzheimer. Aunque las pruebas pueden identificar con claridad los que tienen determinada enfermedad o la probabilidad de padecerla, muchas personas rechazan las pruebas porque sienten ambivalencia por saber los resultados. Prefieren la ambigüedad a conocer su futuro. Ignorarlo les permite la posibilidad de esperar que puedan evitar la temida enfermedad. Pero elegir quedarse a oscuras tiene su precio. Considérese el hijo de un enfermo de Huntington que se niega a hacer las pruebas, aunque tiene una probabilidad del cincuenta por ciento de no tener la enfermedad del padre. A pesar de tal probabilidad, se niega a casarse o a tener hijos. Su ambivalencia con respecto a conocer su suerte le impide desarrollar una relación íntima y comprometerse personalmente. Al fin, la novia desiste y le deja. Aunque él se ha protegido de una angustia potencial, ha desechado una oportunidad de ser feliz.

Sin embargo, en la mayoría de los casos de pérdida ambigua, las personas buscan activamente información para aclarar su situación, pero no existen datos disponibles. He visto a familiares de soldados desaparecidos, parejas de pacientes con sida o Alzheimer y padres de niños desaparecidos buscar desesperadamente información sobre la condición de sus seres queridos. No es que se resistan a la realidad; sencillamente, los datos no están disponibles. En ese tipo de situaciones, la ambigüedad alimenta la ambivalencia. Las personas no saben si portarse como casadas o solteras, si esperar o desistir, si odiar o amar a la persona desaparecida, si marcharse o quedarse, renunciar o aguardar. Los familiares de los pacientes de Alzheimer a menudo están enfadados al tiempo que tristes: enfadados por el trabajo de cuidarlos y tristes porque están perdiendo a un ser querido. No poder conseguir la mínima comunicación con alguien con quien hemos tenido toda una vida de conversaciones con sentido puede ocasionar ambivalencia al mejor de nosotros. Pero esos sentimientos encontrados pueden inmovilizar a las personas en esa situación, si bloquean su capacidad para tomar decisiones para cambiar.

Ese era el caso de una pareja que pasaba el invierno en Florida. La señora Beal, cuando se le pidió que describiera los acontecimientos más estresantes que habían tenido lugar el año anterior con relación a la enfermedad de Alzheimer del marido, refirió el viaje que ambos habían hecho al volver de Florida en primavera. El señor Beal conducía, y se sintió confuso y perdido en el viaje de vuelta a Chicago. Aunque la experiencia la había asustado, la señora Beal asumía que el marido conduciría el coche otra vez cuando volvieran a viajar a Florida. Le pregunté por qué, y sus sentimientos contradictorios se hicieron evidentes. Dijo que no sabía cómo decirle al marido que no debería volver a conducir, pero entonces se dio cuenta de que ella nunca había conducido en viajes largos, y tampoco estaba segura de lograrlo. En lugar de coger algunas clases de conducción para actualizar su práctica, la señora Beal permanecía ambivalente y respaldaba una situación peligrosa.

Aunque vivir con la combinación de la ambigüedad con la ambivalencia puede originar problemas, eso no es necesariamente así. Una vez que la familia hubo hablado sobre la situación y lo que significaría que la señora Beal tomara el volante, todos entendieron que ella debía conducir en aras de la seguridad. Su hija se ofreció a darle un curso de perfeccionamiento de la conducción en autopista, e hicieron prácticas los domingos, cuando el tráfico era menos intenso. La señora Beal, a sus sesenta y cuatro años, descubrió que podía hacer el viaje conduciendo, y bien. Solicitó la ayuda de un club automóvil para que le trazara la ruta y ella y el marido volvieron otra vez a Florida, pero esta vez con ella como conductora. Gracias al apoyo de los hijos, ella ya no se sentía ambivalente con relación a su nuevo papel.

Al oír esa historia, me acordé de cómo las personas de culturas menos patriarcales solucionan esos problemas. Los ojibwa y los cree canadienses cuentan muchas historias sobre niños con padres ausentes. En esos relatos, la ausencia parental no resulta tan devastadora porque, en la mayor parte de los casos, los abuelos adoptan a los niños cuando los padres se han ido. Los tíos y las tías también funcionan como figuras parentales cuando es necesario. Tal vez si pudiéramos ser más flexibles con respecto a los papeles familiares y quiénes componen la familia, albergaríamos menos ambivalencia hacia los seres queridos que se encuentran ausentes o presentes de forma parcial.

Quizá uno de los ejemplos más instructivos de límites familiares flexibles, que además es accesible tanto para niños como para adultos, se encuentra en la película *ET, el extraterrestre*, de Steven Spielberg.[7] En esa película, Eliot, un niño solitario de diez años, se encuentra a un amable alienígena. Establecen una amistad profunda, que compensa al padre ausente y a la madre demasiado ocupada. ET y Eliot se relacionan, pero ET añora su casa. Cuando Eliot se da cuenta de que ET se morirá si no consigue volver con su gente, siente ambivalencia. Quiere que el alienígena viva, pero no desea que se marche. «Podíamos crecer juntos; yo no dejaría que nadie te hiciera daño», le dice. Pero la respiración de ET es difícil; está a punto de morir; deja de respirar. Pero ¡vuelve a la vida! Eliot supera su ambivalencia, se lanza a la acción y lleva a ET a toda prisa al lugar donde una nave espacial vendrá a por él. «Mi casa», dice ET. Eliot sabe que eso significa el adiós, pero también sabe que es el único modo de que ET siga vivo. En el momento de la despedida, ET le dice con tristeza a Eliot: «Ven». Eliot le responde: «Quédate», queriendo decir que no puede marcharse. Los dos suspiran. Se dan un largo abrazo, al tiempo que un cálido ronroneo sale de ET. Se miran; Eliot le dice: «Quédate conmigo». Entonces ocurre algo profundo. ET toca con el dedo iluminado la frente de Eliot y le dice: «Estaré aquí». Se separan, y ET se adentra despacio en la nave espacial. La puerta se cierra. Se ha marchado físicamente. Pero Eliot está feliz y triste a un tiempo. Ha perdido la presencia física de ET, pero ha descubierto que la experiencia de comunicación le ha transformado, puesto que ET estará presente para siempre en sus pensamientos.

Hoy en día, los investigadores de psiquiatría infantil utilizan la película *ET* como un estímulo evocativo emocional para estudiar los cambios en la frecuencia cardíaca, la frecuencia respiratoria y la reacción emocional de los niños asmáticos.[8] Los inves-

7 S. Spielberg, *ET: The Extra-Terrestrial*, Universal City Studios, 1982.

8 B. D. Miller y L. Wood, «Childhood asthma in interaction with fa-

tigadores buscan establecer la relación entre la dinámica familiar estresante y la discordia parental con el funcionamiento fisiológico y emocional del niño. Es interesante notar que Spielberg dijo que llevaba décadas con la historia de ET en la cabeza, tal vez de un modo inconsciente: una fantasía de infancia sobre un amigo especial que rescata a un chico de la tristeza ocasionada por el divorcio de los padres. En verdad, la película *ET* es un ejemplo metafórico del dolor emocional que la experiencia de la pérdida ambigua, combinada con la ambivalencia, origina.

Es posible, de hecho, que exista un vínculo entre la pérdida ambigua, la ambivalencia y la respuesta de un niño asmático a la despedida que ocurre en *ET.* Al igual que Eliot, los niños asmáticos refieren que se sienten felices a la par que tristes cuando ET se está marchando, y su fisiología refleja la desestabilización del funcionamiento del sistema nervioso autónomo: un trastorno emocional. Asimismo, la saturación de oxígeno de los niños, que refleja de forma indirecta la función pulmonar, también resulta inestable durante la escena de la despedida. Los investigadores atribuyen esos hallazgos a las emociones conflictivas y encontradas. El vínculo de la pérdida ambigua y la ambivalencia con las reacciones emocionales, al ser comprobado por medio de la investigación, podría llevar a un mayor conocimiento sobre la prevención y el tratamiento de las enfermedades físicas de los niños influidas por el estrés emocional.

No siempre se logra que la ambivalencia de las personas desaparezca, si nos centramos nada más que en su psique y su ego; podríamos incluso hacer que se sintieran culpables de sus propios síntomas. Mientras que el acercamiento tradicional para la solución de la ambivalencia radica en ayudar a las personas a que reconozcan las dos caras de sus sentimientos, también es necesario tener en cuenta la situación externa cuando los sentimientos

---

mily, school and peer systems: A developmental model for primary care», *Journal of Asthma* 28 (1991), pp. 405-414; B. D. Miller y B. L. Wood, «Influence of specific emotional states on autonomic reactivity and pulmonary functions in asthmatic children», *Journal of the American Academy of Child and Adolescent Psychiatry* 36 (5) (1997), pp. 669-677.

contradictorios se derivan de una pérdida ambigua. En una situación ideal, la ambigüedad se aclararía: se encontraría al niño desaparecido, moriría misericordiosamente el compañero aquejado de una enfermedad terminal que le ocasiona un dolor insufrible, por fin se localizarían y honrarían los huesos de un militar desaparecido. Sin embargo, esa claridad no siempre es posible. Por lo tanto, es necesario validar la pérdida ambigua y considerarla responsable de los sentimientos ambivalentes. Las personas, al conocer que los sentimientos contradictorios son normales bajo esas circunstancias y que no tienen la culpa de la situación, muestran menor resistencia a la terapia y a las intervenciones que buscan ayudarlas a reconocer toda su variedad de sentimientos.

5. Los altibajos

Sarah, la mujer de John, estaba en una fase avanzada de la enfermedad de Alzheimer cuando mi asistente de investigación y yo fuimos a entrevistarnos con John en su casa, en una pequeña ciudad del Medio Oeste. Ella estaba en posición fetal en una cama de hospital, en el salón. Junto a la cama había una grúa Hoyer para ayudar en la tarea de levantarla y darle la vuelta. Una vez que Sarah ya no conseguía comer sin atragantarse, John acababa de tomar la difícil decisión de alimentarla por medio de una sonda.

Llegué a esa pareja con una teoría en la mano: en ese caso, el modelo de la montaña rusa de estrés familiar. Con toda probabilidad, ese hombre acababa de sufrir la crisis de su vida, al tener que decidir si dejaba morir a su esposa demente de inanición o permitía que se le insertara un tubo en el estómago para alimentarla y con eso alargar su vida indefinidamente. Le pregunté a John si, para él, ese era el punto más bajo en la lucha de su familia contra el Alzheimer. Supuse que su respuesta sería afirmativa. Pero no lo fue. En lugar de eso, su respuesta desafió lo que yo y otros habíamos escrito sobre el estrés y la crisis familiar.[1]

John dijo que la pérdida de su mujer progresaba por escalones, y la incapacidad de ella para tragar la comida no era sino otra más en la numerosa serie de crisis a lo largo de la enfermedad. «¿Cuáles fueron las otras?», pregunté. «Mire, se lo voy a enseñar», dijo, y me cogió el lápiz. John dibujó lo que parecía una escalera descendiente; luego adjudicó a cada escalón una crisis. Explicó que,

1 P. Boss [1988], *Family Stress Management,* Newbury Park, California, Sage Publications, 1999. Este trabajo se basó en uno anterior del sociólogo y teórico del estrés familiar Reuben Hill.

en cada peldaño hacia abajo, se sentía confuso y, durante algún tiempo, no sabía qué hacer para manejar la situación.

John nombró la primera crisis, en lo alto del dibujo de la escalera: «Se perdió en su propia casa», dijo. Él había entrado en pánico, sin saber cómo reaccionar. Después de algún tiempo, reunió valor y llevó a Sarah al médico. El diagnóstico fue el que se temía: enfermedad de Alzheimer probable. «Pero con eso, sabíamos a lo que nos enfrentábamos», dijo. «Asumí la dirección de la casa y seguimos adelante».

La segunda crisis vino cuando John se dio cuenta de que él y Sarah ya no podrían hacer viajes largos. Viajar había sido el aliciente principal de su vida en común, por lo que eso constituyó una pérdida importante. Los sentimientos de tristeza se mezclaron con la sensación de estar atrapado. Sin embargo, con el paso del tiempo, John se adaptó a la idea de que su mujer ya no podría viajar más; revisó su idea de viaje y se concedió pequeños viajes de un día, en los que iba a pescar o jugar al golf.

Cuando acababa de recobrarse de la crisis de no poder viajar, llegó otra. En el tercer escalón de su dibujo, John escribió: «Sarah vaga por las noches». A causa de los paseos nocturnos de su mujer, John ya no conseguía dormir lo suficiente; se pasaba todo el tiempo buscándola e intentando hacerla volver a la cama. Al fin, consiguió dominar también esa crisis, esa vez con ayuda médica y con medicación para Sarah. Pero vendrían más crisis, y pocos puntos altos en su viaje emocional. John denominó al cuarto escalón «incontinencia» («Eso me afectó mucho»), el quinto «neumonía» («Sarah casi se murió»), el sexto «ya no me reconoce», y el séptimo, «alimentación por el tubo». «Esto [último] es lo más duro —explicó—, porque sabemos que es la última fase antes de la muerte». En verdad, la crisis que sufría John cuando le fui a visitar era la última caída en picado en una larga serie de altibajos. Por fin, él apuntó al último peldaño: «Este será la muerte», dijo. «Aún no hemos llegado ahí». Cinco años después de que yo tuviera esa conversación con John, Sarah todavía estaba viva.

Las respuestas como las de John son importantes porque muestran que incluso a los cuidadores sanos les resulta difícil mantener el control de sus propias vidas cuando se tienen que enfrentar a una pérdida ambigua prolongada. La falta de dominio sobre la propia vida aumenta no solo la percepción de desamparo, sino que también lo acentúa. Eso conduce a muchos a la depresión. Sin embargo, es posible aprender de personas como John que enfrentarse a una enfermedad como el Alzheimer no tiene por qué ser devastador. John le hizo frente a cada crisis, tomó las decisiones necesarias para mantenerla bajo control, se dio una tregua y se entretuvo durante los períodos más tranquilos y aceptó siempre la ayuda de los vecinos y de la comunidad.

Los cuidadores del tipo de John a menudo descubren que son capaces de manejar el estrés del día a día, causado por el cuidado de un ser querido cuya situación es ambigua, vinculándose a algo que sea estable en sus vidas. Para John, se trataba del golf los jueves y la iglesia los domingos. Para otros, puede ser un tipo distinto de apoyo social o espiritual, o de amigos que escuchen y ayuden. No obstante, no pueden existir vínculos significativos si las personas de la comunidad no llegan a reconocer que una pérdida ambigua es traumática. John era afortunado porque sus vecinos sabían lo que estaba sufriendo. Se dieron cuenta, al visitarle, de que su esposa desaparecía por etapas. Sabían que él necesitaba mantener amistades y actividades fuera de casa, y que al hacerlo no estaba siéndole desleal a la mujer.

Desgraciadamente, no todas las comunidades son tan comprensivas cuando se trata de las necesidades de los cuidadores. La mayoría de las veces, predomina la tendencia a criticar o apartarse de los que necesitan ayuda. Las pérdidas de los demás nos recuerdan nuestras propias vulnerabilidades, y eso puede causar ansiedad. ¿Qué pasaría si nos encontráramos en la situación de John? ¿O en la de su mujer? ¿Podríamos aguantar la presión? Por otra parte, los vecinos y los amigos pueden alejarse porque el grado de ayuda que se necesita es sencillamente demasiado alto para que se pueda mantenerlo cuando la pérdida ambigua se prolonga en el tiempo.

Es importante darse cuenta de que las fluctuaciones estresantes que John experimentó nos afectarán a la mayoría de nosotros en distintos grados, en uno u otro momento. No obstante, se puede encontrar alivio y con el tiempo dominar la situación, a pesar de la probabilidad de otra caída en picado, otro período transitorio de desamparo. La experiencia humana nunca es cierta o predecible, pero con el apoyo de miembros de la familia, amigos y vecinos que se interesan, así como con el consuelo que algunos obtienen de sus creencias espirituales, podemos aprender a mantenernos firmes durante esos viajes emocionales inevitables.

Una de las complicaciones de ese doloroso proceso es la negación. A veces, los seres queridos que se enfrentan a la amenaza de la pérdida se niegan a ver lo que otros ven, a oír lo que otros oyen y a reconocer una realidad dolorosa. La mayoría de las veces, se considera a la negación un mecanismo de defensa, y como consecuencia no resulta difícil comprender por qué las personas que tratan con la ambigüedad prefieren protegerse de pensar lo peor. Al no estar seguras, por ejemplo, de si un ser querido clasificado como desaparecido en combate está verdaderamente muerto, o si un miembro de la familia al que le han diagnosticado que está en la fase terminal de una enfermedad se va a morir realmente, es comprensible que las personas se mantengan esperanzadas. Después de todo, la esperanza es una característica del optimismo, y puede servir a un buen propósito cuando hay una pérdida ambigua. Ese fue el caso de la familia Klein. El siguiente anuncio, publicado el doce de noviembre de 1989 en el *Minneapolis Star Tribune*, llamó la atención de un colega, que me lo enseñó:

> KEN, DAVID y DAN KLEIN, DESAPARECIDOS desde el diez de noviembre de 1951. Todavía aguardamos noticias vuestras... Mamá y papá. [el anuncio termina con dos números de teléfono.]

Pedimos una cita y nos dirigimos a Monticello, Minnesota, a entrevistar la pareja, y ellos nos contaron su historia.[2]

2 D. Fravel y P. Boss, «An in-depth interview with the parents of missing children», en J. Gilgun, K. Daly y G. Handel (comps.), *Qualitative Methods in Family Research*, Newbury Park, California, Sage Publications, 1992, pp. 126-145.

En 1959, tres de sus cuatro hijos, con edades comprendidas entre los cuatro y los seis años, desaparecieron del parque próximo a su casa, donde acostumbraban ir a jugar. (El cuarto se había detenido a anudarse los zapatos, y cuando llegó al parque sus hermanos ya habían desaparecido). Dos de los gorros de lana de los chicos fueron encontrados más tarde en el río Mississippi. En las angustiosas semanas tras el desaparecimiento de los hijos, Betty y Kenny Klein mantuvieron la esperanza de que todo era una pesadilla que terminaría pronto. «Siempre que pasaba un coche despacio por aquí, o que oíamos el golpe de una puerta por la noche... pensábamos que eran nuestros niños que volvían a casa... Fue muy duro... no sabe usted cuántas lágrimas derramamos... Yo acostumbraba sentarme fuera, en el peldaño de la puerta de atrás, y lloraba como si se me hubiera partido el corazón... Y, como digo siempre, si alguien ha tenido alguna vez el corazón roto, esa era yo», relató Betty.

Más de cuarenta años después, los Klein todavía ponen anuncios para que sus hijos desaparecidos vuelvan a casa. Algunos terapeutas llamarían a eso «interpretación ilusoria» y alentarían ese comportamiento de autoprotección, porque los juicios notoriamente optimistas sobre la probabilidad de un acontecimiento (por ejemplo, la de encontrar a los seres queridos desaparecidos) tiende a aumentar y no a perjudicar la adaptación de una familia a la pérdida.[3] Sin embargo, las esperanzas de los Klein pueden no ser de hecho una ilusión, pues en fechas tan recientes como el diez de octubre de 1996, Doug Grow, del *Minneapolis Star Tribune*, informó que un conductor de camiones de Arizona había telefoneado para decir que era David, uno de los hijos desaparecidos de los Klein. El hombre les contó a los Klein cosas que estos consideraron que solo un miembro de la familia sabría; dijo que los visitaría el verano siguiente. Sus esperanzas se incrementaron. Pero el hombre no llegó a ir. «Durante un tiempo, todos cobramos nuevas esperanzas, pero ya no nos dejamos llevar tanto», dijo otro de los hijos al periodista.

3 S. Fisher y R. L. Fisher, *The Psychology of Adaptation to Absurdity*, Hillsdale, N.J., Lawrence Erlbaum Associates, 1993, p. 183.

La tendencia, para la mayor parte de nosotros, es mantener una relación, y no renunciar a ella. Una vez que hemos creado el vínculo, nos resistimos a dejarlo, por lo que cuando alguien a quien amamos desaparece, la negación se vuelve una respuesta comprensible. En el caso de los Klein, al igual que en el de numerosas familias de personas desaparecidas, la realidad de las informaciones e identificaciones ocasionales mantienen viva la esperanza. Lo que yo percibo en los Klein es la expresión del optimismo esperanzado más que la de una negación inconsciente.

Incluso las familias con pérdidas más graduales se agarran a la esperanza como una defensa contra el dolor. Recuerdo haber leído la autobiografía de una mujer con cáncer terminal, cuya hija negaba la gravedad de la enfermedad de su madre. La escritora, ya en una etapa avanzada del cáncer, describió una conversación con la hija, que hasta ese momento había rechazado el hecho de que su madre se estaba muriendo. Sus palabras ilustran la dificultad de abandonar la esperanza:

> «¿Estás ya más preparada para mi muerte?», le pregunté a mi hija. «¿Más preparada que antes?» Estaba muy quieta. Durante mi enfermedad, había crecido de los dieciséis a los veinte años. "Preparada" es una palabra inhumana. Digamos que estoy más familiarizada con la idea», dijo al fin. Lloramos.[4]

La hija había pasado de la negación a la aceptación a regañadientes, un proceso saludable de pesar que solo puede comenzar cuando la ambigüedad disminuye. En ese caso, la madre ayudó a clarificar su situación; ella misma nombró lo que era inminente: su muerte. Con tal claridad, se resquebraja la negación y la esperanza puede volverse hacia una meta más realista. La hija ya no esperaba la recuperación de la madre, sino una muerte sin dolor.

Pero a veces no hay suficiente tiempo para dejar marcharse a la persona. Mi hermana Ellie siempre vestía ropa de colores vivos,

4 C. Middlebrook, *Seeing the Crab*, Nueva York, Basic Books, 1996, p. 211.

y usaba perfumes intensos y joyería llamativa. Era dos años mayor que yo, y, si otros niños se metían conmigo cuando empecé a ir al colegio, tenían que verse con ella. A lo largo de dieciocho años, hasta que ella terminó la secundaria y se marchó a la facultad de educación, compartimos dormitorio en la apiñada granja de la familia. Allí, tarde por la noche mientras ella dormía, yo escuchaba las emisoras de Chicago por la radio e imaginaba mi marcha a la gran ciudad. Pero a Ellie nunca le importaron las grandes ciudades y pasó toda su vida cerca de nuestro pueblo natal de Wisconsin. Se hizo profesora de la escuela secundaria local, y fue respetada por las muchas generaciones a las que enseñó. Su única escapada de los límites de la vida de la pequeña ciudad era su viaje de verano anual, cuando se marchaba a Europa. De forma ingeniosa, había encontrado su propia salida.

Mi marcha no fue tan amable. Estallé con un divorcio y me marché de una vez. Pero, donde quiera que estuviéramos, Ellie y yo nos hablábamos todas las semanas por teléfono, así como en los raros días festivos en los que no estábamos juntas. Nos ayudamos durante los embarazos, los partos y en la crianza de los niños, cuando sus hijos y los míos se mezclaban en una gran familia. Cuidábamos de los hijos de la otra, de modo que las dos pudiéramos tener tiempo para nuestros propios objetivos, sobre todo para terminar las licenciaturas. Nunca se me ocurrió que no envejeceríamos juntas.

La última vez que hablé con mi hermana por teléfono fue desde Roma, donde yo asistía a unas jornadas sobre terapia de familia. Mi hija me llamó para decirme que Ellie estaba enferma, pero que no me preocupara. Llamé de cualquier forma. «He sabido que estás en el hospital con neumonía», le dije. «¿Qué tal vas?» Hubo un silencio. «Tengo un cáncer de pulmón», dijo sencillamente. Me quedé helada. Contuve la respiración. «¡Ah, no!», imploré. «No puede ser. No fumas. Ni siquiera has estado enferma. Hace solo un mes que estuvimos juntas de excursión en las Montañas Rocosas y ¡tú me adelantabas!» Silencio. Luego, ella dijo con decisión: «Voy a intentar combatir a esta cosa». Me agarré a esa esperanza. «Me vuelvo inmediatamente. Te veré el domingo».

Cinco semanas después, enterramos a mi hermana: con un vestido de color rojo vivo y hermosas joyas.

A lo largo de las menos de seis semanas en las que Ellie estuvo tan enferma, la familia vivió una angustiosa carrera de altibajos. Un día estaba mejor, al siguiente no podía respirar, luego los médicos dijeron que la quimioterapia hacía efecto, después que el cáncer se había extendido hasta la membrana del corazón, luego llegaba una buena noticia del laboratorio sobre que sus niveles de oxígeno en sangre habían subido y entonces, sentada en una silla una tarde de otoño y asistiendo a Oprah, se murió. Fue un golpe. Como todavía negábamos la seriedad de su cáncer, nunca llegamos a despedirnos de verdad.

A pesar de que la negación puede a veces ser saludable, cuando ayuda a que la familia mantenga el optimismo, puede resultar perjudicial cuando anula a las personas o las deja impotentes. En esos casos, la negación toma dos formas que se oponen dramáticamente, ambas problemáticas. En el primer supuesto, las personas niegan que hayan perdido algo o que lo tengan amenazado, y se portan como si nada hubiera cambiado. Una novia cuya madre está en la fase final de la insuficiencia renal insiste en que su madre, que «no parece enferma», puede coser los seis vestidos de las damas de honor, así como su propio vestido de novia. El hijo de un señor de setenta años con la enfermedad de Alzheimer dice que su padre solo está algo olvidadizo y que no existe ninguna razón para que deje de conducir. Una mujer cuyo marido la dejó hace cinco años dice que no se trata más que de una cuestión de tiempo hasta que él entre en sus cabales y vuelva. Por distintas razones, las personas que niegan que algo está mal no están preparadas para escuchar la verdad. Se defienden optando, de forma inconsciente, por mantener la situación: las cosas están como han estado siempre; nada va a cambiar.

En el caso opuesto, las personas se portan como si el ser querido ya se hubiera marchado por completo de sus vidas. Se ignora a una persona con sida o cáncer como si ya estuviera muerta, y ya no se la visita ni se la toca. Una familia echa de casa a un hijo esquizofrénico o alcohólico y espera que se las arregle solo. Un hombre cuyo padre sufre la enfermedad de Alzheimer dice: «Me llevo bien con mi padre mientras piense en él como en un mueble y no me tropiece con él». Una mujer a la que ha dejado su pareja les dice a los hijos que el padre de ellos ha muerto. Esas personas encuentran obviamente conforto en el pensamiento absoluto, y se apartan por completo de un ser querido para evitar sentir su pérdida. Pero su incapacidad para aceptar una nueva relación con el miembro de la familia enfermo o ausente les impide aprovechar el tiempo que tienen con el ser querido, o mantener vínculos parciales, como el divorcio, que podrían ser provechosos para sus hijos y nietos.

A corto plazo, sin embargo, no siempre las reacciones extremistas resultan perjudiciales. De la misma manera que el estado de choque puede proteger temporalmente al cuerpo después de un trauma, la negación proporciona un alivio transitorio de la dura realidad psicológica de una pérdida potencial. Es también una manera de disminuir la angustia que se deriva de modo inevitable de una presencia o ausencia inciertas. Pero la negación es un problema cuando, en sus formas extremas, impide una transformación que permitiría a todos los miembros de la familia todavía presentes seguir adelante con sus vidas. También se constituye en un inconveniente cuando anula la presencia de una persona que todavía está ahí. Por fin, la negación es un problema cuando impide las opciones y las elecciones creativas para que uno se adapte a una pérdida mal definida. Con frecuencia, esas adaptaciones se centran en los ritos familiares.

La familia Smith vino a la terapia quejándose con enfado de que el padre, que sufría la enfermedad de Parkinson, ya no conseguía preparar sus tradicionales cenas de gastrónomo las noches de domingo sin montar un lío con la comida y dejar la cocina patas arriba. Juntos, los miembros de la familia, incluido el paciente, consiguieron crear una versión menos exigente del festín paterno de las noches de domingo: ahora, palomitas de maíz y manzanas. Pero antes todos tuvieron que abrirse camino a través de sus negaciones. Tuvieron que aceptar el hecho de que la enfermedad de Parkinson hacía ahora parte de la familia. El padre ya no era el mismo de antes, pero todavía estaba ahí. Una vez que aceptaron esa realidad, pudieron revisar el rito de la cena especial de los domingos que tanto había llegado a significar para ellos. Había esperanza: no todo estaba perdido.

Esa familia y las personas como Betty y Kenny Klein son tal vez nuestros mejores profesores sobre cómo vivir con la ambigüedad, demostrando flexibilidad en lugar de la negación extrema. Ellos ya no niegan su pérdida, pero tampoco dejan de trabajar por un desenlace positivo, ni de esperarlo. Mantienen en mente dos ideas opuestas al mismo tiempo. Eso significa, para los Klein, pensar que los chicos todavía pueden estar vivos en alguna parte, y reconocer al tiempo que están probablemente muertos. Después de la desaparición, la señora Klein dijo que se centró en el único hijo que le había quedado, así como en los que vendrían. Describió ese acercamiento a la ambigüedad que los académicos llamarían pensamiento dialéctico y otros lo podrían denominar pragmatismo del Medio Oeste:

> Supongo que eso fue también lo que nos ayudó, fue que nosotros, nosotros siempre supimos que le hacíamos falta [al hijo que quedaba]... Y yo estaba embarazada del bebé, y el bebé nos necesitaba. Y así, sabe usted, uno no puede ponerse las heridas delante. Uno tiene que echárselas a la espalda y seguir viviendo. Eso no quiere decir que uno se vaya a olvidar [de los hijos desaparecidos]... solo quiere decir que uno cuida el día de hoy.[5]

Hace ahora cuarenta y siete años que los tres niños desaparecieron, pero la vigilia continúa. Aunque las probabilidades son pequeñas, persiste una brizna de esperanza sobre que al menos un hijo pudiera estar todavía vivo en alguna parte. Sin embargo, la esperanza de los Klein está templada por la realidad. Betty lo explica:

> No sé si estaría preparada para ellos [los hijos desaparecidos] [se ríe]. Usted ya me entiende. Si entraran en la habitación y me dijeran: «Bueno, estos son sus hijos», pues no estaría preparada para

5 D.L. Fravel y P. Boss, «An in-depth interview with the parents of missing children», en J. Gilgun, K. Daly y G. Handel (eds.), *Qualitative methods in family*. Newbury Park, California, Sage, 1992.

> eso... Porque en mi cabeza me imagino que puede pasar, pero que es muy poco probable, el que eso ocurra, sabe usted, así que tendría que ser esa probabilidad tan pequeña, y [se ríe] es casi seguro que yo dijese, eh, «bueno, tengo que tener alguna pequeña prueba», sabe usted... Yo pienso en el... la manera más segura de tener una prueba es con el análisis de sangre... Creo que sería la mejor forma de hacerlo. Porque es muy, muy exacta, aunque no es cien por ciento... pero es casi.[6]

Mientras los Klein encontraron un modo de equilibrar la actitud de agarrarse a la esperanza con la de abandonar la búsqueda, muchos de los que experimentan pérdidas sin comprobación son incapaces de ajustarse a la nueva situación. Las pérdidas graduales son las que resultan más difíciles de reconocer. Por ejemplo, cuando la salud de un miembro de la familia se apaga poco a poco, es fácil que no se noten los incrementos progresivos de la pérdida. En el día a día, las primeras constataciones son muy sutiles: al marido que sufre de Alzheimer se le caen las cosas con más frecuencia, él se golpea con los muebles, se olvida de lo que ha dicho y se repite. O, en los casos de separaciones, las parejas se apartan de forma gradual, con un cónyuge que empieza a llegar tarde todas las noches, hasta que ya no va a casa. En ambos casos, marido y mujer pueden dejar de hablarse, de celebrar juntos las fiestas y los cumpleaños, de tocarse y tener intimidad, y desarrollar vidas separadas, hasta que al fin dejan de relacionarse por completo. La relación está muerta.

El pensamiento absoluto comporta un alto precio. En los dos extremos del espectro —apartar a alguien demasiado pronto o portarse como si nada hubiera cambiado— la negación acarrea en última instancia más angustia, en lugar de menos, a las parejas y familias que se deparan con una pérdida ambigua. Los vuelve impotentes y los aleja. Cada uno se queda solo con su interpretación sobre quién está presente y quién está ausente. He visto casos en los que las personas se sienten tan reacias a aceptar un cambio en la situación de la familia que son incapaces

6 *Ibid.*, p. 136.

de tener un funcionamiento adecuado en las cosas del día a día. Una adolescente rebelde me contó esa historia: «Papá y mamá se divorciaron hace años, pero es como si mamá todavía esperara que papá volviera. No tiene ningún amigo propio y, lo que es peor, no toma ninguna decisión sin antes llamarle para ver qué le parece a él que ella debería hacer... y terminan peleándose otra vez a lo grande. Ella cuelga, se pone a llorar, y luego me pregunta qué debe hacer. ¿Qué le puedo decir? Ella sencillamente no se enfrenta al hecho de que papá se ha marchado».

A veces, la negación de uno o más miembros de la familia desorganiza los cuidados precisamente cuando el enfermo, así como otros miembros de la familia, más necesitan del apoyo de los familiares. Los Anderson ilustran ese caso.[7] La entrevista reunió a dos generaciones con mi asistente de investigación (yo estaba detrás de la cámara). El señor y la señora Anderson vivían en la casa familiar; Beth había venido desde su casa, alrededor de un kilómetro y medio de distancia; Dave, recién divorciado, había vuelto hacía poco a la casa de los padres y cursaba la facultad. Otros dos hijos adultos, Mary y Bill, vivían en ciudades lejanas y raramente venían ya a la casa paterna. Todos tenían percepciones diferentes sobre la demencia del padre y su ausencia o presencia.

La entrevista fue conflictiva. La madre y Beth creían que el padre tenía demencia, y Dave consideraba que las dos mujeres estaban sencillamente exagerando unos signos normales en el envejecimiento. A pesar del diagnóstico de Alzheimer probable, Dave rechazaba que algo estuviera mal. Pensaba que los demás estaban reaccionando en exceso. «Papá ha sido siempre olvidadizo», dijo. «No quiero que le tratéis como si fuera un bebé, deberíais mantenerle el cerebro activo. No tendríais que pensar todas por él. Le mimáis». Beth respondió que había sido la vuelta de David a casa la que había aumentado la carga de trabajo de la madre: «El que está siendo mimado eres tú», dijo con sarcasmo.

7 P. Boss y D. Riggs, *The Family and Alzheimer's Disease: Ambiguous Loss*, Minneapolis, University of Minnesota Media Productions, 1987.

La familia siguió hablando después de que el paciente fuera retirado de la sala. El conflicto aumentó. La madre regañaba a Dave por seguir negando la evidencia; ella y la hija estaban enfadadas con él porque no ayudaba a cuidar al padre. Dave estaba disgustado con ellas porque protegían en exceso al padre. La tensión subió cuando Beth intentó que el hermano constatara cómo había cambiado el padre. Le dijo a Dave que, el otro día, el padre se había calzado una zapatilla de deporte en un pie y un zapato de vestir en el otro. «Él siempre fue muy meticuloso al vestirse» dijo. La señora Anderson alzó la voz con impaciencia: «Tienes que enfrentarte a las cosas como son, chico. Esto va para largo, y vamos a tener que aceptarlo». Dave se resistía: «¡No quiero aceptar esto! Si alguien tiene un problema, esa eres tú. No se puede decir sin más que papá tiene esa enfermedad y entregar los puntos. Hay que ir a la Clínica Mayo, hacer ejercicios, mejorarle la dieta. Te crees que le estás ayudando, pero ¡no haces más que dejarlo más débil!».

El conflicto familiar continuó a voces, pero de pronto el estado de espíritu cambió. «Sé que tiene "esa enfermedad"», aceptó Dave con sencillez. Pero se oponía a desistir demasiado pronto. Debería existir una cura. Beth se ablandó tras la concesión del hermano y le dijo a Dave que le necesitaban: «No para ayudar a que papá se debilite, sino para ayudarnos con papá».

Dave se quedó parado, y su voz se rompió: «Es duro ver a tu padre, ya sabes..».. Beth le interrumpió, y el entrevistador la detuvo. Dave se estuvo quieto un rato y dijo: «Sé que algo va mal».

Después de un silencio, Beth dijo: «Es interesante. Nunca te lo había oído decir antes». «Bueno, está claro que algo va mal», Dave empezó a sollozar y se tapó la cara. «Lo que quiero decir es... ¿qué se supone que debo hacer, dejar la facultad porque así le puedo cambiar los pañales?». «No me parece que te estemos pidiendo eso», respondió Beth. «Yo solo quiero encontrar algo que le ayude a recuperarse de eso, así no tendremos que cambiar todo... el modo como la vida ha sido hasta ahora. Solo me resiento de eso... ¿por qué no podemos sencillamente seguir como siempre hemos hecho?». Beth se impacientó: «Bueno, ¡algo ha cambiado!», respondió con brusquedad.

Esa discusión familiar ilustra los extremos de la negación, así como el proceso de cambio que puede tener lugar cuando los miembros de una familia luchan juntos. Dave rechazaba que algo estuviera mal; la madre y Beth se portaban como si el padre ya se hubiera ido y ni siquiera le dejaban ya hablar por sí mismo. Otros aún, como Mary y Bill, se mantenía apartados para evitar el dolor. La familia no se ponía de acuerdo sobre la condición del padre como presente o ausente, y por consiguiente sus miembros eran incapaces de funcionar como una unidad en esos momentos difíciles.

«Has estado intentando resistir y no cambiar», le dijo el entrevistador a Dave. A la señora Anderson y a Beth les dijo: «Vosotras habéis estado intentando administrar todo, trabajar duro y despediros». La empatía con relación a los distintos puntos de vista calmó a la familia e interrumpió la discusión. Era un buen momento para terminar la entrevista. Pero precisamente entonces, en el último minuto, Dave se volvió hacia el entrevistador y preguntó en voz baja: «¿Eso siempre... siempre va a más?».

Esa familia ya empezaba a alcanzar una comprensión común de lo que se pierde en el transcurso de la enfermedad de Alzheimer y a verificar lo que esa experiencia significaba para cada miembro de la familia individualmente. Demostraban que estaban preparados para oír y escuchar; las percepciones estaban modificándose.[8]

Mi objetivo, cuando trato a familias que sufren pérdidas ambiguas que se extienden en el tiempo, es proporcionarles un lugar en el que sentarse y hablarse. Eso se conoce, en la psicología tradicional, como ofrecer un ambiente de soporte seguro. Además, facilito a la familia toda la información posible sobre el tipo de pérdida que experimentan, con el fin de disminuir la negación y capacitarlos para que empiecen a elegir y tomar algunas decisiones. Ese tipo de terapia, a menudo denominada de acercamiento psicoeducacional, contribuye a incentivar el proceso por el cual la familia se enfrenta a la situación.

8 *Ibid.*

Es cierto que ese enfoque presupone que los familiares tienen un alto nivel de funcionamiento cognitivo y emocional, pero de eso se trata precisamente. La mayoría de las familias, aunque no todas, poseen una capacidad mayor para hacer frente al problema de lo que se figuran los terapeutas profesionales. Por lo tanto, resulta esencial que preguntemos a todas las personas concernidas qué ocurre dentro de la familia. ¿Hay alguna confusión sobre quién está dentro o fuera de las relaciones de la pareja o la familia? ¿Existen pérdidas que permanecen sin definirse? ¿Qué significa eso para cada uno de ellos? Una vez que los familiares reconocen las pérdidas ambiguas en sus vidas, se les da un nombre para ellas y comprenden que su incapacidad para seguir adelante no es culpa suya, es menos probable que utilicen la negación como mecanismo de adaptación y, por contra, aumenta la probabilidad de que sean capaces de tomar decisiones importantes. Retoman algún control sobre sus vidas y puedan avanzar una vez más.

Al fin, la negación no es ni algo que evitar ni algo que defender. Se trata de una respuesta compleja que puede ser tanto adecuada como inadecuada. Lo que para mí ha quedado claro es que la gente corriente (sin la ayuda de análisis ni terapia) puede volverse más consciente de su respuesta y a menudo determinar si es sana o destructiva. Eso es esencial para los que deben vivir con una pérdida ambigua. En lugar de etiquetar su negación como patológica, los terapeutas de familia pueden ayudarlos a que adquieran información sobre su situación particular, sea esta una enfermedad debilitante u otro tipo de pérdida, para que les sirva de instrumento con el que enfrentarse a los altibajos y, finalmente, a los bajones previsibles. La combinación de optimismo con un modo de pensar realista es lo que permite a la gente avanzar pese a la pérdida ambigua, pero para eso necesitan antes recibir comprensión y apoyo de su propia comunidad, al igual que de la comunidad de los profesionales sanitarios.

6. La apuesta de la familia

> Herald, yo no sabía si algún día volverías... Estuve esperándote allí durante cinco años, hasta que una mañana me desperté y decidí que estabas muerto. Incluso si no lo estuvieras, para mí estabas muerto. No iba a cargar más contigo. Así que te maté en mi corazón. Te enterré. Pasé el duelo por ti. Entonces cogí lo que quedaba y empecé a vivir sin ti.
>
> AUGUST WILSON, *Joe Turner's Come and Gane*

Los componentes de una familia que se enfrentan a una pérdida ambigua no pueden negar indefinidamente que algo ha cambiado. Con el tiempo, un pariente, un amigo o las propias circunstancias los presionan para que definan la condición de la persona desaparecida de una manera o de otra. Entonces la familia, basándose en la información disponible, intenta adivinar lo mejor que puede el desenlace probable de su pérdida poco clara. ¿Es probable que el hijo o el hermano desaparecido en acción en Vietnam vuelva a casa después de veinticinco años? ¿Va a morirse el padre al que le han diagnosticado un tumor inoperable? ¿Le beneficiará a un hijo adoptado encontrarse con su madre o su padre biológicos? ¿Volverá algún día el padre desaparecido? Llamo a esto la apuesta de la familia.

Ese llamamiento a emitir un juicio es arriesgado. Consideremos la familia que apuesta que el padre va a morir. Como consecuencia, le apartan de las actividades familiares como si ya estuviera muerto. Cuando el padre entra en remisión y vive, la familia debe volver a organizarse para acogerlo otra vez. Incluso cuando el desenlace es positivo, esa reorganización constante del sistema familiar es estresante: un miembro de la familia está dentro de ella, luego fuera, luego otra vez dentro. Si, al contrario, la familia apuesta que el padre va a vivir y no se prepara para ninguna pérdida o transformación, y después él muere, también tienen que volver a organizarse para permitirle partir. No obstante, con independencia de la incertidumbre de su decisión, una familia siempre se encuentra mejor si hace una predicción informada sobre la situación de su pérdida que si sigue indefinidamente en el limbo. La apuesta de la familia es una forma de sentirse mejor en la montaña rusa emocional de la pérdida ambigua.

A veces, la apuesta de la familia merece la pena. Hacía ya cinco años que la señora Lund visitaba todos los días a su joven marido, en coma en el hospital. Él se había caído del caballo y herido la cabeza. La señora Lund le repetía: «Cuando me oigas, apriétame la mano», pese a que los médicos le habían dado pocas esperanzas de que el marido llegara a despertar. Ella le hablaba a diario de los hijos y de la vida en el campo. Un día, por fin, fue recompensada. Él le apretó la mano. Poco a poco, el marido volvió a la normalidad y desde entonces pudo volver a casa.

Sin embargo, no siempre la apuesta de las familias tiene ese final, como tampoco tiene mucha gente la fortaleza y la determinación para esperar con tanta paciencia durante todo ese tiempo. Las historias que salen en los periódicos y las revistas sobre recuperaciones milagrosas dan esperanza a los que aguardan a que las cosas vuelvan a ser como eran, en lugar de adaptarse a una realidad que ha cambiado. La apuesta temeraria de la señora Lund sorprendentemente dio resultado, pero las historias de pérdidas ambiguas pocas veces terminan tan bien.

Algunas veces, la familia toma la decisión equivocada, y otras, por miedo a que eso ocurra, se niega a correr cualquier riesgo. La familia de Mateo Sabog, un soldado al que se declaró desaparecido en combate, tras años de búsqueda decidió desistir y considerarlo muerto. Solicitaron al gobierno que cambiara su condición de «desaparecido en combate» a «supuestamente muerto en combate». En el Vietnam War Memorial, su nombre pasó entonces a estar precedido por una cruz, para indicar que estaba muerto. Sin embargo, después de veintiséis años, Sabog se presentó en las oficinas de la Seguridad Social de Georgia, para solicitar una prestación. Resultó que había salido de Vietnam en 1970, pero nunca había llegado a su casa en Georgia. Lo encontraron vagando en California y lo acogieron. Estuvo con esas personas durante veintiséis años. Infelizmente, una cruz todavía precede su nombre en el Vietnam Memorial, pero los registros oficiales son claros: han sido corregidos y reflejan que ha sido «encontrado».[1] A pesar de que es poco probable que otros soldados desaparecidos retornen, las familias muchas veces se agarran a esas historias al tiempo que reconocen que las probabilidades están contra ellas.

En otros casos, se les deja a las familias preguntándose si han tomado la decisión correcta, sobre todo cuando una enfermedad u otro período de espera se extiende durante mucho tiempo. Un padre de Texas, con la ayuda de sus dos hijas adultas, decidió cuidar a la esposa en casa.[2] Ella estaba en la última fase de la enfermedad de Alzheimer y, además de tener dificultad para tragar la comida, tenía neumonía. Él no estaba preparado para dejarla marchar. Pero, por otra parte, admitió: «Me sienta mal que mis hijas renuncien a tantas cosas de sus propias vidas. Si no fuera por la situación en casa, mi hija mayor estaría casada ahora». Su hija pequeña, que había dejado la facultad para quedarse en casa a ayudar, y no tenía novio, estaba tan preocupada por su padre como por su madre: «Lo que me preocupa es que cuando él salga de esto, encuentre una razón para seguir adelante».

1 Expediente de Mateo Sabog, Washington, D. C., Vietnam Memorial, National Park Service. Los informes periodísticos publicaron con la grafía incorrecta el nombre de pila del señor Sabog, como si fuera «Matheus», según el soldado de la comandancia con el que hablé. En el muro su nombre se había inscrito como Mateo Sabog. Aunque hay otros soldados que constan equivocadamente en la relación de muertos del monumento, Mateo Sabog es el único de los allí inscritos cuya familia no sabía que estaba vivo.

2 *Losing It All*, HBO Production, Time-Warner Productions, Inc., 1991, escrito, editado y producido por M. Meirendorf.

La jugada aquí es que dos adultos jóvenes aparcaran sus cosas para cuidar a la madre enferma, y pudieran perder el tren de sus propias vidas. El padre esperaba que las hijas fueran capaces de volver a adaptarse y retomar una vida social normal cuando ya no tuvieran que cuidar de la madre, pero su preocupación persistía.

Apostar por posiciones absolutas, tanto de optimismo como de pesimismo, es arriesgado, pero cuando las probabilidades de un desenlace favorable son altas, debería alentarse a los miembros de la familia a que adopten la esperanza y se porten como si la pérdida fuera recuperable. En 1980, los terapeutas utilizaron la información obtenida a partir de los familiares de los prisioneros de guerra y los desaparecidos para desarrollar pautas de trabajo con las familias de los rehenes de los iraquíes.[3] Ya que por lo general se pensaba que los rehenes serían devueltos sanos y salvos de Iraq, se aconsejó a las familias que siguieran portándose como si los seres queridos estuvieran todavía presentes: que les compraran regalos en los cumpleaños y fiestas, que repasaran los vídeos y las cintas de todas las celebraciones de la familia, y que pensaran en ellos como si todavía formasen parte de la familia, de manera que, cuando los rehenes regresaran, su reintegración a la familia resultaría más suave. Las familias mantuvieron sus fronteras abiertas simbólicamente para minimizar la pérdida para todos los interesados, y se portaron como si sus seres queridos fueran a volver. La jugada funcionó. El veinte de enero de 1981, todos los norteamericanos regresaron a casa sanos y salvos, después de pasar cuatrocientos cuarenta y cuatro días como rehenes en Teherán.

Pero cuando la probabilidad de recuperación es pequeña, como es el caso con el Alzheimer, el cáncer terminal, la enfermedad de Huntington o un caso agudo de sida, puede resultar menos razonable apostar por cualquiera de los extremos: considerar la pérdida como completa o portarse como si nada hubiera cambiado. Un proceso gradual de despedida en el más

3 C. R. Figley (comp.), *Mobilization, Part I: The Iranian Crisis. Final Report of the Task Force on Families of Catastrophe*, West LaFayette, Ind., Purdue University Family Research Institute Press, 1980.

saludable en tales situaciones. Se pierden para siempre algunos aspectos de la persona que falta, mientras que otros están todavía muy presentes. La tarea de las familias es darse cuenta de la diferencia. Ni los pacientes ni sus seres queridos se benefician por dejar de vivir plenamente los días que les quedan juntos, relacionándose mientras todavía lo pueden hacer antes de decirse el adiós final.

Los hijos de los pacientes con la enfermedad de Alzheimer de inicio precoz y otras enfermedades hereditarias viven con la seria posibilidad de heredar la enfermedad parental. El hijo menor de un piloto aéreo que desarrolló Alzheimer a los cuarenta años dijo: «No existe en absoluto una gran posibilidad de que yo no lo vaya a tener. En estos momentos, no hay un día ni una hora de mi vida en los que no piense sobre eso. ¿Cómo voy a poder tener una familia? ¿Voy a hacer pasar a mi mujer todo lo que mi madre está pasando ahora? ¿Es que debería tener hijos? ¿Es que debería casarme, incluso?». Su prima, una joven que dejó la facultad para cuidar a la madre, también enferma, es más positiva: «Yo sencillamente me voy a tomar las cosas como vengan. Y ¿qué pasa, si de verdad quiero a alguien? No me puedo imaginar que desista de todo eso».[4]

Y luego están aquellos para los que el dolor es tan paralizante que ni siquiera están preparados para correr un riesgo. Otro de los jóvenes hijos del piloto estaba pasando por momentos difíciles. Su madre explicó: «Él sencillamente no puede con ello. Le trastorna demasiado... hasta hablar sobre el seguro y el testamento en vida. Ver a su tía de esa manera y saber en el fondo a lo que nos tendremos que enfrentar [con su padre ciertamente, y tal vez con él mismo, su hermano y su prima] le afecta mucho». Mientras observaba al padre, que todavía podía comer y caminar, el hijo le dijo a la prima: «No puedo quedarme. No le puedo ver a diario si estuviera [tan enfermo] como tu madre. Eso me destrozaría. Mi padre y yo éramos muy cercanos; sencillamente me destroza mirar esto y no lo puedo soportar más».[5] Nótese

4 *Losing It All.*

5 *Ibid.*

que el hijo mezcla los tiempos y utiliza tanto el pasado como el presente, lo que es un indicador corriente de confusión sobre la condición del ser querido que todavía está presente, pero que en parte también se ha marchado.

La apuesta de la familia en tales situaciones afecta asimismo al equipo médico que trata al paciente. La familia de un enfermo en la última fase del Alzheimer y que tiene neumonía por segunda vez, se enfada si los médicos desalientan las medidas heroicas. «Así son los médicos. No quieren gastar su tiempo si no es para salvar una vida, aunque para nosotros es una vida», dice la esposa de Wes.

Algunas familias insisten en que se mantenga a sus seres queridos con vida, a pesar de saber que la enfermedad es terminal. Simplemente, no están preparados para el último adiós. La mujer de Wes expresa su frustración: «Me vuelve loca que nosotros no podamos hacer nada. Los médicos parece que no se interesan. Sienten que todo sería en vano, y desisten».[6] Se abraza al marido demente, y sabe que pronto tendrá que tomar decisiones de vida o muerte. Pero por ahora se consuela estando cerca de él, de ese hombre que todavía es su marido pero no el hombre con quien se casó.

Para las familias de las personas que están ausentes psicológica o físicamente, ese proceso de despedida gradual es particularmente difícil porque debe tener lugar solo en sus mentes. Al igual que la esposa de Wes sabe que ella, y no el equipo médico, va a tener que tomar, en última instancia, decisiones difíciles sobre la vida y la muerte de su marido, las viudas de los soldados desaparecidos, que no tenían a nadie que les aclarara la situación de sus maridos como vivos o muertos, debían decidirlo ellas. Una esposa estaba de hecho apostando, cuando por fin solicitaba un cambio oficial en la condición de su marido de desaparecido en combate a supuestamente muerto en combate, pues siempre existía la posibilidad de que él todavía pudiera estar vivo en alguna parte y regresara a casa inesperadamente. Debió de haber sido muy difícil decidirse a escribir esa carta a Washington soli-

6 *Ibid.*

citando que se cambiara la situación del marido, tanto como les resulta a los familiares de un paciente de Alzheimer decidirse a solicitar que los médicos dejen de usar la resucitación y los tratamientos heroicos para mantener vivo al ser querido.

El sociólogo Erving Goffman escribió que, para acontecimientos como la muerte, alguien externo a la familia, un oficial de justicia, por ejemplo, debería certificar el hecho para hacerlo oficial. Desempeñar ese papel no debería ser una incumbencia de los familiares.[7] Pero Goffman no tuvo en cuenta la difícil situación de las familias con pérdidas ambiguas. Cada vez es más frecuente que se les solicite hacer exactamente eso: decidir sobre la vida y la muerte de un ser querido. Para muchos, esa tarea va más allá de la comprensión humana; para otros, es un riesgo que deben asumir para poder seguir adelante con sus propias vidas.

Versiones más sutiles de la apuesta familiar tienen lugar en las fases de transición usuales en las familias. Cuando los niños crecen y dejan la casa, a menudo resulta confuso si están dentro o fuera de la familia. La mejor jugada que pueden hacer los padres en ese tipo de situaciones es situar la condición de sus hijos en algún punto entre la ausencia y la presencia, como hizo un padre cuyo hijo se había marchado de casa para estudiar en la universidad y había regresado después:

> Desde septiembre, estamos en una suerte de limbo con respecto a su partida. Él está aquí, pero no debería estarlo. Está aquí, pero no lo estará. Y cuando se marcha, no se va lejos. Nadie aquí estaba preparado para eso. Esperábamos que la cuenta de la comida bajara y la del teléfono subiera, una silla vacía el Día de Acción de Gracias y una bienvenida emocionada por Navidad. Estábamos preparados para lo que no ocurrió. Todavía estamos procurando adaptarnos a lo que ha pasado, imaginando cuáles deberían ser las reglas y las expectativas. Las viejas ya no tienen sentido; las

7 E. Goffman, *Frame Analysis,* Nueva York, Harper and Row, 1974. Goffman afirma que la muerte es un acontecimiento que tiene un marco, por lo que no se espera que las personas decidan sobre si un familiar está vivo o muerto. Estaba equivocado.

> nuevas solo estarán en vigor durante poco tiempo. ¿Cuál debe ser su hora de llegar a casa? ¿Debe comprarse sus propias ropas? ¿Y qué pasa con las tareas de la casa? Puede que no sea un estudiante, pero tampoco es un huésped. Está aquí en una prórroga. ¿O será una continuación? Ni nosotros ni él estamos seguros... Está aquí, y sin embargo no lo está. Ahora lo vemos, ahora no, y pronto ya no. Está marchándose. «¿Qué tal le va a su hijo?», pregunta la gente que piensa que está fuera. «¿Le echáis en falta?». «Todavía no», respondemos.[8]

Llegados a ese punto, portarse como si el joven se hubiera marchado no funciona; tampoco como si todo siguiera igual que cuando estaba en la universidad. Esas opciones son demasiado absolutas. En su lugar, debería considerarse su presencia como algo intermedio: el chico está en casa, pero de una forma nueva que exige nuevas reglas y papeles. Ese padre se lo tomaba con humor, una buena manera de hacer frente a la incertidumbre de la condición del hijo, sobre si está dentro o fuera de la familia.

Pero tal vez el alejamiento físico de los hijos no sea la apuesta más difícil para la familia, sino su liberación psicológica. Resulta difícil saber cuándo y cómo dejar que se marchen los hijos que hemos criado. Al igual que las mariposas, aplastamos a los niños si los sujetamos con demasiada fuerza. Nos queda luchar contra la paradoja: queremos que se independicen, pero al mismo tiempo deseamos que sean como nosotros y que permanezcan cerca de nosotros. Es estresante encontrar ese equilibrio delicado entre sujetar a los hijos y dejarlos marchar, pese a lo cual lograrlo hace que las relaciones familiares sanas sean posibles. Considérese la historia de Irene.

Irene y su marido, Fred, vinieron a verme a causa de la depresión de Irene. Su psiquiatra me los había remitido para hacer terapia de pareja y de familia. Hablamos sobre lo que estaba pasando en su matrimonio y en la familia. Irene me dijo que su mayor preocupación consistía en que ya no era una buena madre. Fred se removió con incomodidad en su silla y gruñó. Pre-

8 J. Powers, *Boston Globe Magazine*, diez de marzo de 1996, p. 5.

gunté por los hijos. El hijo, de veintiún años, y la hija, de veinte, todavía vivían en casa. «Se quejan de todo lo que les hago: las comidas, el lavado de la ropa, todo», declaró Irene. «Ayer mismo, mi hija se puso furiosa porque le planché mal la blusa. Antes les gustaba lo que hacía para ellos. Pero ahora, haga lo que haga, está mal».

Unas cuantas sesiones después, Irene se arriesgó por primera vez con toda la familia presente. Les dijo a sus hijos adultos que se lavaran su propia ropa y se la plancharan. Añadió que no le importaba seguir cocinando (no le daría más trabajo preparar la comida para cuatro que para dos), pero que, si no les gustaba lo que cocinara, que simplemente se prepararan su propia comida o se fueran a comer fuera, en lugar de quejarse.

Como ella se temía, a los hijos les molestó la recién estrenada independencia de su madre, pero, paradójicamente, como les gustaba decir, admitieron que la admiraban por haber dejado de ser «un felpudo». Con el tiempo, a medida que Irene fue encontrando sus propios intereses, la dinámica de la familia y la pareja cambió. Los hijos todavía vivían en casa, pero ya se ocupaban de casi todas sus necesidades. Mientras tanto, Irene y Fred se pusieron a reconstruir su matrimonio, que se había vaciado con las ausencias de ambos: la de él a causa del trabajo, y la de ella a causa de los hijos. La depresión de Irene remitió poco a poco, a medida que vio nuevas posibilidades al respecto de cómo independizar a los hijos, incluso mientras seguían todavía en casa.

No es raro que las madres que se encuentran en una relación familiar tradicional teman el tipo de riesgo que Irene corrió. Se espera de las madres que cuiden a sus hijos, pero nadie les dice cuándo deben dejar de hacerlo y revisar la situación. Cuando los hijos no se han marchado de casa, o cuando vuelven a ella, las madres temen incumplir su deber si no se hacen cargo de todas las necesidades de la prole. A menudo, las normas sociales refuerzan ese miedo. Irene se arriesgó a cambiar la relación madre-hijo de un modelo de crianza a otro de igualdad. Sin negar el amor que sentía por ellos, insistió con sus hijos ya crecidos en que se cuidaran a sí mismos. Irene apostó a que ellos la seguirían queriendo, no por serles servil sino sencillamente por estar presente. La buena noticia en ese caso es que la jugada de Irene dio resultado. En verdad, sus hijos se aproximaron emocionalmente a ella. Y eso no tenía nada que ver con el lavado de la ropa. Ella y Fred encontraron más tiempo para estar juntos y retomaron actividades con las que habían disfrutado anteriormente, como pescar, bailar y viajar.

La decisión de modificar una relación envuelve muchos riesgos para la persona que se atreve a dar el primer paso. Pese a que la iniciativa parte de una persona, los nuevos patrones deben, sin embargo, llevarse a la práctica, no solo en la terapia, sino en casa y en la vida real, con las personas que nos son más próximas. La mejoría es gradual; resulta normal que se den dos pasos adelante y uno atrás. El objetivo es sentirse cómodo con soluciones que son imperfectas. Puede que nunca se llegue a aclarar del todo la cuestión de quiénes están dentro o fuera de la familia, o de qué manera lo están, en su caso, pero, si logramos aceptar el cambio, podemos aprender a vivir con la ambigüedad.

Las familias que más éxito alcanzan al hacerle frente al cambio actúan con la voluntad de llegar a un compromiso. En lugar de defender de forma rígida la solución que les es más favorable en el problema de la pérdida ambigua, los miembros de la familia se escuchan y se mantienen respetuosos con las opiniones de los demás. Se deciden a atacar el problema, y no uno al otro. Al igual que Irene y Fred, se niegan a seguir tolerando lo que Alan Watts denomina «la seguridad de la infelicidad conocida». Están cansados de la situación vigente y procuran cambiar abriéndose hacia fuera y rompiendo su aislamiento, relacionándose con otras personas de la familia y la comunidad, hablando, discrepando y llegando a acuerdos. En verdad, según George Herbert Mead, necesitamos a los demás para que actúen como un «espejo» para nosotros, si hemos de cambiar nuestras percepciones en el interior de la familia.[9] Por medio de las reacciones de los demás —las miradas, las palabras, las emociones y el toque— construimos nuevas realidades. Hasta los miembros de

9 George Herbert Mead fue un pionero, en la psicología social, del significado interpersonal. Véase G. H. Mead (comp.), *On Social Psychology: Selected Papers*, Anselm Strauss, Chicago, University of Chicago Press, 1934.

la familia que más se aferran a su pérdida y se resisten a cambiar demostrarán más buena voluntad para aceptar una relación revisada con un cónyuge o un padre enfermo, o un hijo ausente, una vez que se hayan abierto hacia fuera. Vencer la soledad de la pérdida ambigua es el primer paso en el camino hacia un cambio sano.

La vida en familia, al igual que toda clase de vida orgánica, depende del cambio continuo. No se trata de tener la respuesta correcta; de hecho, puede que no exista una en el caso de la pérdida ambigua. A falta de una solución perfecta, debemos arriesgarnos a crear la mejor respuesta posible en ese momento, y saber que el proceso de revisión no cesará nunca mientras vivamos. Las pérdidas complicadas pueden parecer insolubles y sin esperanza, pero nunca se nos podrá desposeer de la facultad de transformarnos.

En última instancia, no son los terapeutas ni los médicos los que pueden prescribir cómo debe enfrentarse la gente a una pérdida parcial. Eso lo hacen las distintas culturas, comunidades, vecindades, grupos religiosos y familias de origen. Una vez que las personas que forman juntas una familia a menudo provienen de medios diferentes, pueden tener ideas distintas sobre cómo o cuándo apostar. El lenguaje es un indicador de ese tipo de diferencias en una pareja. «Casualidad», por ejemplo, es una palabra que no existe en hebreo; si se quiere hablar de algo en términos de casualidad, hay que recurrir a la palabra «azar». En Italia y México, se emplea con abundancia la palabra «destino».

Las indias norteamericanas del norte de Minnesota y de Quebec con las que hablé mencionaban «la armonía con la naturaleza» y «la aceptación espiritual». Nunca las oí utilizar el término «enfermedad catastrófica». No percibían como un fallo la demencia de una persona anciana que había llevado una vida plena. En su lugar, veían el deterioro de un anciano como el ciclo de la vida que se completa, lo que debería celebrarse y aceptarse. No sentían la necesidad de hacer apuestas familiares.

Sin embargo, cuando las culturas desentonan, como ocurre a menudo en los casos de inmigración, la manera de entender la ausencia y la presencia por parte de la familia, así como la propia definición de familia, se vuelven más difíciles. La historia de Li no es infrecuente en un país donde hay tantos inmigrantes. Ella es una mujer norteamericana de origen asiático, que estaba embarazada de su primer hijo. Su obstetra, de Seattle, le recomendó ácido fólico, multivitaminas y una dieta rica en calcio. Su madre le llamaba todas las semanas desde Taiwán para decirle qué remedios tradicionales debería tomar y qué comer. Como deseaba un bebé sano, Li se sentía desgarrada entre lo nuevo y lo viejo. Decidió cercar sus apuestas honrando los deseos de su madre al tiempo que seguía los consejos del médico.

Después de que llegara el bebé, Li descubrió que necesitaba revisar algunos de los ritos y costumbres que se celebraban en su familia, con el fin de poderlos compartir con su nuevo bebé y su marido. Dijo que eso le haría sentir como si algo de su familia extensa estuviera presente. Cuando dejó Taiwán para hacerse norteamericana, había querido cortar con su familia extensa y las costumbres de esta. Pero cuando se transformó en madre, se dio cuenta de que la falta de los lazos familiares se hacía evidente. «Los libros, las poesías infantiles, las canciones de cuna, todo está equivocado aquí», dijo. Por lo tanto, los revisó y los fundió, manteniendo las canciones y los cuentos que su madre le había pasado cuando era niña, pero añadió a Mickey Mouse y otros iconos norteamericanos al repertorio. A medida que su hijo creció, ella y el marido sumaron aspectos de la Navidad (el árbol, el pavo, los juguetes) con una gran celebración del Año Nuevo chino. Para las innumerables familias americanas cuyas tradiciones tienen sus raíces en diferentes culturas, esa integración es una necesidad.

Li, al igual que Irene, John y tantos otros que hacen la apuesta familiar, se arriesgaron a cambiar sus ideas sobre la familia y la tradición con el fin de conseguir adaptarse a una situación nueva. Ella no estaba preparada para abandonar por entero la rica cultura de su país natal; tampoco deseaba criar a su hijo fuera de la cultura norteamericana en la que el niño había nacido. El término medio por el que ella se decidió permitió que su familia siguiera adelante con sus vidas, teniendo la seguridad de que podrían mantener algunas de las tradiciones de la familia materna y combinarlas con las nuevas. Li consiguió fusionar dos ideas opuestas y mantener a la madre tanto presente como ausente. Y ese es el objetivo de aquellos que sufren una pérdida ambigua.

7. El punto de inflexión

En griego, crisis significa punto de inflexión. Lo mismo ocurre con la pérdida ambigua. En determinado momento, la mayoría de las personas que sufren una pérdida incierta toca fondo y entonces, de pronto o después de un largo tiempo, cambia su percepción sobre la condición de un miembro de la familia que está ausente física o psicológicamente. Surge una información nueva o una persona de la familia se cansa de la situación y decide hacer algo distinto.[1] Puesto que el cambio rompe las normas y las tradiciones familiares, afecta a todos en la familia. Pero los que han optado por el cambio ya no están paralizados. A medida que la ambivalencia y la negación se debilitan, los miembros de la familia a menudo pasan a aceptar que la pérdida ambigua está ahí para quedarse. Empiezan a valorar su situación, tomar decisiones y actuar. Ese es el punto de inflexión.

A muchas de las esposas de los soldados desaparecidos en Vietnam, el punto de inflexión les llegó cuando ya no pudieron seguir callando, como les habían recomendado los militares. Rompieron las normas e hicieron piquetes durante las Conversaciones de Paz de París, donde los oficiales de Estados Unidos y Vietnam del Norte se reunieron después de que cesaran las hostilidades. Se les había dicho que mantuvieran silencio sobre la desaparición de sus maridos, lo que no hizo más que aumentar su parálisis y su sensación de desamparo. Pero algunas corrieron el riesgo, hicieron piquetes durante las conversaciones de paz y hablaron abiertamente sobre los hombres desaparecidos. Hacer algo, aunque rompiera las reglas, fue preferible a esperar sin hacer nada.

1 D. Reiss, *The Family's Reconstruction of Reality*, Cambridge, Mass., Harvard University Press, 1981.

La pérdida ambigua hace que nos sintamos incompetentes. Erosiona nuestra sensación de ser dueños de nuestra propia vida y también nuestra creencia de que el mundo es un lugar justo, ordenado y manejable. Pero si hemos de aprender a hacerle frente a la incertidumbre, debemos darnos cuenta de que existen distintas visiones del mundo, incluso cuando el reto de la ambigüedad es menor. En 1989, William F. Buckley mencionó a la Madre Teresa una preocupante estadística sobre el exceso de población. «Eso está en las manos de Dios», respondió ella. «¿Está usted segura?» preguntó Buckley, sonriendo francamente. Esas dos personas ilustran los extremos de cómo se pueden abordar los problemas. Buckley es típico de muchos de los que creemos en el dominio de la naturaleza, mientras que la Madre Teresa representa una aceptación espiritual extraordinaria. Los dos puntos de vista son esenciales para aprender a vivir con la pérdida ambigua.[2]

Para dar la vuelta y enfrentarnos a las pérdidas inciertas, debemos primero suavizar nuestra ansia de dominio. Esa es la paradoja. Para recobrar la sensación de dominio cuando existe ambigüedad sobre la presencia o ausencia de un ser querido, debemos desistir de buscar la solución perfecta. Tenemos que definir de otra forma nuestra relación con la persona desaparecida. Y, lo más importante, debemos darnos cuenta de que la confusión que sentimos es una consecuencia de la ambigüedad, y no de algo que hicimos o dejamos de hacer. Una vez que conocemos el origen de nuestro desamparo, nos liberamos y podemos comenzar a enfrentarnos a la situación. La valoramos, empezamos a revisar nuestra percepción de quién está dentro de la familia y en qué condiciones, y reconstruimos de modo gradual los papeles, las normas y los ritos de la familia. Sentimos que tenemos más control, aunque persista la ambigüedad.

La anciana esposa de un hombre con Alzheimer en estado avanzado llegó muy turbada a una entrevista para una investigación. Dijo que el marido quería mantener relaciones sexuales todo el tiempo, y eso la angustiaba porque él ya no la reconocía.

2 Entrevista de William F. Buckley a la Madre Teresa, PBS, trece de julio de 1989.

Cuando se la volvió a entrevistar unos meses más tarde, la mujer estaba serena. Le pregunté qué había cambiado. Refirió que la solución del problema se le ocurrió un día de pronto. Fue al dormitorio, se quitó el anillo de bodas y lo guardó en el joyero. Contó que, a partir de entonces, supo cómo controlar el comportamiento del marido. Ya no lo veía como su marido, sino sencillamente como alguien a quien amaba y a quien cuidaría. Al igual que había hecho con los hijos años atrás, estableció límites, le trasladó a un dormitorio separado y dirigió su rutina cotidiana. El nivel de estrés, tanto para el paciente como para su cuidadora, descendió. El día en que el marido falleció, dos años después, ella fue hasta el joyero, cogió el anillo de bodas y se lo puso otra vez en el dedo. «Ahora soy de verdad una viuda, y no una viuda esperando serlo», dijo.

Esa mujer alcanzó su punto de inflexión y recobró el control una vez que fue capaz de dar nombre a la ambigüedad: era, en palabras suyas, «una viuda esperando serlo». Reconocer lo que había perdido (el marido) y lo que todavía tenía (una persona a la que quería) la capacitó para controlar la situación. Por iniciativa propia, dejó temporalmente de estar casada y pasó del papel de esposa al de cuidadora. Con ese giro en la percepción del problema, ya no se sintió sobrepasada ni desamparada.

En mi trabajo clínico con las familias que cuidan de personas con demencia y otras enfermedades mentales crónicas he descubierto que distintas cosas animan a las personas a cambiar. La comprensión parece ayudar a los que están acostumbrados a tener algún control sobre sus vidas; esas personas quieren entender el «porqué», adentrarse en el significado profundo de una experiencia antes de correr el riesgo de hacer algo distinto. Pero otros llegan a la comprensión de forma experimental, en vez de cognitiva. Para ellos, el terapeuta Carl Whitaker tenía razón al decir: «Solo sabes lo que es algo cuando lo has pasado». Tienen que experimentar un fenómeno para poder entenderlo. Lo que tengo claro es que los clínicos debemos ser más sensibles a las diferencias individuales en cuanto al modo de comprender una situación, para que no creemos la misma resistencia que a veces atribuimos a los que intentamos ayudar.

Para algunas personas, tener dominio significa controlar lo interno (las percepciones, los sentimientos, las emociones o la memoria), mientras que para otras quiere decir controlar lo externo (a los demás, las situaciones o el ambiente). Pocos saben qué hacer cuando un ser querido está ausente o presente en parte, de modo que los que sufren, como la anciana que se quitó el anillo de bodas, deben encontrar sus propias soluciones. Los cambios internos a menudo se vinculan con el control externo.

El primer paso que deben dar los terapeutas de familia cuando están ayudando a las personas a enfrentarse a la confusión y a encontrar su propio punto de inflexión es denominar pérdida ambigua a lo que están experimentando los pacientes. En mi práctica personal, a menudo oigo suspirar aliviadas a personas que sienten consuelo al saber no solo que lo que experimentan tiene un nombre, sino también que no son los únicos en enfrentarse a ese tipo de dolor. Se sienten confortadas al saber que lo que están pasando no es culpa suya, y que su estrés se puede controlar, aunque persista la ambigüedad.

Sin embargo, algo tiene que cambiar. Acostumbro decir a los miembros de una familia que, mientras los sentimientos de confusión son normales con una pérdida ambigua, una mala adaptación a esa pérdida puede acarrearles problemas. En un intento desesperado por dominar una situación cuyo control se les escapa, la gente puede beber demasiado, comer o dormir demasiado, o demasiado poco, o volverse conflictiva. No obstante, una vez que se identifica el problema de inadaptación, es capaz de aprender modos más funcionales de hacer frente a su tipo particular de pérdida ambigua. Una vez que comprenden por qué están paralizados y que eso no es culpa suya, las personas tienen a menudo más disposición para cambiar. Llegados a ese punto, sugiero las reuniones de familia.[3]

3 Las reuniones familiares se utilizaron como una intervención, como parte de mi investigación NIA sobre los cuidadores en la enfermedad de Alzheimer, en el Veterans Administration Hospital de Minneapolis. También utilizo las reuniones familiares en mi consulta privada, con familiares de pacientes con enfermedades mentales crónicas. En los círculos de terapia de

Para la primera de las cuatro a seis sesiones familiares, reúno en una habitación a todos a los que se considera «familia». La mezcla de hombres y mujeres de distintas generaciones es ideal, porque esas personas expresan con frecuencia puntos de vista diferentes pero importantes. A los miembros de la familia que viven lejos muchas veces se los incluye por medio de un teléfono con altavoz. Lo que espero es que esas reuniones familiares se transformen en un acontecimiento habitual cuando ya no esté trabajando con esa familia. Nótese que utilizo la palabra «reunión» en lugar de «terapia». Evito ese último término porque, en el caso de la pérdida ambigua, es la situación y no la familia la que está enferma.

Mi objetivo al trabajar con la familia es que todos los miembros se vuelvan conscientes de las interpretaciones que hacen los otros de la pérdida ambigua, y averiguar si hay algún grado de acuerdo sobre cómo ven la situación. En el caso de que exista una disparidad importante con respecto a si el miembro en cuestión de la familia está ausente o presente, se encuentra aquí o se ha marchado, mi principal tarea, en la primera sesión, es constatar que esa diferencia de puntos de vista es normal cuando se da una pérdida ambigua en una familia. Enfatizo la importancia de escuchar y respetar las percepciones de los demás con el fin de que mantengan relaciones cercanas durante el período de ambigüedad.

A medida que la familia se reúne y habla en las sesiones siguientes, los conflictos y desacuerdos ocurren invariablemente, y a menudo existe la tendencia a querer abandonar las reuniones. Aliento a los miembros de la familia a que sigan, pues esa es su oportunidad de aprender a negociar y a resolver los problemas juntos, a pesar de la angustiosa pérdida ambigua. Enfrentarse a una situación no es algo que ocurra en el vacío; los seres queridos y los amigos pueden servir de espejo para el comportamiento y las percepciones que tienen unos de otros, con lo que por medio de la discusión continua se vuelve más claro para todos lo que se

familia, se considera a ese método como un acercamiento psicoeducacional, combinado con el procedimiento experimental simbólico y las tradiciones narrativas.

ha perdido de forma irrecuperable y lo que no. Las personas ya no están paralizadas, y pueden hacer el duelo.

El acto de comparecer juntos y hablar permite que, entre los miembros sanos de la familia, ocurra el intercambio necesario de información, pero ¿qué pasa con el paciente? En los casos de las enfermedades crónicas, el miembro enfermo está además confuso y angustiado. Los pacientes en la fase terminal de una enfermedad dicen que saben que se están marchando, y se preguntan si todavía se los valora, si siguen haciendo parte de la familia. Ellos también se sienten culpables y avergonzados como consecuencia de su incapacidad para estar enteramente presentes.

Por consiguiente, pienso que es importante incluir al paciente, por lo menos en algunas de las reuniones familiares. Hasta los pacientes de Alzheimer son capaces de detectar cuando la familia actúa como si ya se hubieran marchado, y también ellos necesitan una oportunidad para expresarse. Un paciente, al que su familia describió (en su presencia) como que solo era capaz de hablar tonterías, protestó y nos dijo que estaba seguro de que su mujer planeaba divorciarse de él. Su esposa dijo que no le hiciéramos caso porque solo decía disparates, pero de hecho ella tenía la intención de ingresarlo.

Esa familia, que luchaba con problemas de adicción además del Alzheimer, utilizó las reuniones para clarificarse a sí misma y al paciente si él seguía o no en la familia. En ese caso, resultó que estaba fuera de ella. Los hijos estaban ocupados, y la esposa quería su libertad para seguir apostando. A pesar de que no hubiera divorcio, el alejamiento de la familia era real. El paciente todavía está vivo, y como su demencia no se ha intensificado, ayuda a los demás pacientes en la institución que ahora llama su casa.

Durante las reuniones, aliento a los miembros de la familia a que obtengan toda la información posible sobre su pérdida ambigua específica. Los animo a ser activos e insistir en recabar incluso literatura profesional, ya que hoy en día casi todas las familias cuentan con algún miembro capaz de explicar a los demás la información técnica. Las familias que se enfrentan a una enfermedad pueden encontrar revistas en bibliotecas, escribir cartas para solicitar consulta con especialistas y entrar en contacto con otras familias con experiencias similares. Las que hacen frente a una pérdida física pueden contactar con la policía, navegar en Internet, contratar detectives, establecer redes con los que sufren una pérdida similar y luchar para cambiar las leyes. Si la situación dice respecto a un militar que ha desaparecido, los seres queridos pueden viajar a sitios lejanos, construir un monumento conmemorativo, visitar museos y cementerios, o volver a los campos de la muerte. El acto de buscar información disminuye el estrés de la ambigüedad. Una vez que se ha agotado ese camino y ya no hay más información disponible, esa misma circunstancia se transforma también en una información y ayuda a que las personas concluyan: «Hemos hecho todo lo que hemos podido».

Asimismo, es muy importante que los miembros de la familia que asisten a las reuniones aprendan a reconocer sus emociones: ira, dolor, tristeza, vergüenza, culpa, alegría, alivio, terror. Las normas de las familias de origen, al igual que las de la sociedad más amplia, ejercen a menudo influencia sobre qué emociones están permitidas para los hombres y las mujeres, las niñas y los niños, así como la forma en que esos sentimientos deben expresarse. Algunas personas rezan, otras beben y otras toman sedantes; algunas buscan calor y apoyo en los amigos y la familia; otras se vuelven hacia la tecnología en busca de ayuda, y utilizan Internet para conseguir información y auxilio. En las reuniones familiares, facilito a todos la expresión de los sentimientos de formas que no sean destructivas, y les solicito que sean tolerantes con las diferencias de los demás.

Bajo mi punto de vista, eso es más efectivo si se consigue de modo experimental. Pido a los miembros de la familia que relaten cómo celebran las fiestas especiales y los ritos familiares, que cuenten cómo han cambiado sus vidas desde la pérdida ambigua y cómo sobreviven a sus dificultades y las vencen. Los animo a volver a ver fotos, videos, recuerdos, cartas y diarios, así como otros símbolos de la persona ausente. Los familiares, de forma colectiva y por medio del uso de la narrativa, empiezan a reconocer y a sentir pesar por lo que se ha perdido; pero, al mismo tiempo, ven con más claridad qué aspectos de su ser querido todavía están presentes. Algunas veces ocurren revelaciones sorprendentes o desacuerdos acerbos durante las conversaciones, pero es más usual que, con entrenamiento, los miembros de la familia consigan solucionar el problema. En caso contrario, les pregunto si prefieren pasar a una terapia de familia más tradicional con el fin de que trabajen sobre asuntos más específicos. En el caso de la familia que encerró al paciente de Alzheimer, no lo desearon; tampoco quisieron buscar tratamiento para sus adicciones. El cambio les resultaba demasiado amenazador, por lo que, en su lugar, excluyeron al paciente de la familia.

> Las reuniones familiares son un instrumento útil para enfrentarse a las pérdidas ambiguas presentes y futuras. Animo a las familias para que hagan de esos encuentros una parte de su vida juntos porque, a medida que las personas envejecen y las condiciones de salud cambian, invariablemente surgen las cuestiones sobre quién está a cargo de las cosas, quién desempeña qué papel, qué normas tienen que cambiar y cómo deben observarse los ritos familiares y las celebraciones. La reestructuración continua es esencial para que cualquier familia funcione y sobreviva a lo largo del tiempo, pero cobra una importancia particular bajo el estrés añadido de la pérdida ambigua.

Como terapeuta que trata con el pesar no resuelto, evito decir a las personas que solo hay una manera «correcta» para enfrentarse a la incertidumbre. Lo que yo puedo considerar una estrategia problemática puede no ser visto de esa manera por la familia, sobre todo si sus creencias, la socialización de los sexos, los papeles generacionales y los valores culturales que posee no lo definen negativamente. Esas familias se resistirán al cambio hasta que sus puntos de vista sean escuchados sin que se los juzgue.[4]

4 Véase R. V. Speck y C. L. Attneave, *Family Networks*, Nueva York, Pantheon, 1973. Carolyn Attneave, una terapeuta de familia norteamericana nativa, escribió que «cualquier cultura contiene todos los valores posibles. El contraste no radica en los opuestos, sino en las preferencias y las prioridades», p. 62.

Por supuesto que si un miembro de la familia corre peligro debo intervenir, pero mi tarea principal consiste en escuchar, entrenar, estimular y cuestionar, así como recordarme a mí misma que no debo impedir el proceso de inspiración colectiva que será, en última instancia, el que ayude a la familia a alcanzar el punto de inflexión.

Cuando trabajaba con familias que cuidaban a pacientes de Alzheimer, alguien de mi equipo hacía una pregunta, tras lo que los pacientes tomaban las riendas y funcionaban como espejos y cajas de resonancia unos para otros. Algunas veces, convidaba a curas, rabinos, profesores, vecinos y amigos a unirse al encuentro de la familia, pues a menudo resulta útil constatar cómo la propia comunidad de esa familia ve la pérdida ambigua. Abriendo todavía más la discusión, algunas familias se encontraban con otras que estaban experimentando pérdidas similares, con el fin de verificar cómo estas aprendieron a enfrentarse a ellas.

Cuando trabajo con familias que acaban de empezar el proceso de enfrentarse a una pérdida ambigua, intento reforzar todos los comportamientos que incrementen la actividad física y las relaciones con los demás, pues considero que los comportamientos activos obtienen mejores resultados que los pasivos. Sin embargo, a veces la pasividad también es una parte necesaria del proceso de cura. Los miembros de una familia necesitan comunicarse entre sí sobre su pérdida, pero necesitan asimismo descansar, y hasta escapar de vez en cuando, con el fin de poder tolerar la pérdida ambigua de larga duración. Es esencial darse un respiro, y nadie debería sentirse culpable por hacerlo. Para evitar volverse deprimidas y melancólicas tras un largo período cuidando de las necesidades de un ser querido, las personas deben aprender a cuidarse a sí mismas. En ese tipo de casos, recomiendo a los miembros de la familia que hagan algo, cualquier cosa, para volver a ser más activos, tanto física como socialmente.

También estimulo a las familias a que utilicen el humor como un instrumento que las puede ayudar. El humor es una importante respuesta adaptativa frente a la adversidad. Algunas personas, no obstante, consideran que es una falta de respeto tener sentido del humor o bromear en la presencia de personas o familias que sufren. Por supuesto, resulta difícil encontrar algo gracioso en las pérdidas ambiguas que son trágicas y catastróficas. Con todo, bromear es un poderoso instrumento interpersonal, cuyos efectos terapéuticos están harto comprobados.

Estar juntos y reír, incluso por unos momentos, es sano. En las reuniones familiares, a menudo las personas cuentan casos (cómicos) sobre su tendencia a solucionar la ambigüedad apartando de forma prematura al ser querido o negando que algo esté mal. Al reírse de sí mismas, alivian el estrés de todo el grupo. Pese a que esas historias son muchas veces agridulces, la risa le proporciona equilibrio a su dura tarea de enfrentarse a la situación y al pesar, no obstante la ambigüedad. Si somos capaces de reírnos de nuestra propensión a las soluciones absolutas, entonces podemos empezar a ser menos rígidos y a contemplar otras opciones.

Mi investigación con familias que se enfrentan a casos de demencia ha demostrado que tanto el dominio como la aceptación espiritual de la situación les resultan de gran utilidad mientras cuidan al paciente y viven con la pérdida ambigua de la enfermedad de Alzheimer. De hecho, los que solo se valen del control manifiestan, en su mayor parte, ansiedad y depresión. Eso también es verdad para otros tipos de pérdida ambigua. Recuerdo las palabras de mi abuela Sophie, que en sus cartas a mi padre reflejaba continuamente su utilización tanto del dominio de la situación como de su aceptación espiritual. Cuando no podía solucionar un problema, escribía: «Confía siempre en Dios». Pero también escribía de una forma poética sobre el control. «Aprende a formar tu corazón en casa. Mantén siempre la cabeza alta, sin que importe qué amenaza se te presente en el camino». Su capacidad para enfrentarse a la vida se derivaba de una combinación de espiritualidad y dominio, como también era el caso con las mujeres anishinaabe que entrevisté en Minnesota. De estas aprendí también que una enfermedad terminal es menos angustiosa cuando se la atribuye al ciclo natural de la vida, en lugar de verla como un fracaso. El secreto para soportar el dolor de una pérdida incierta, con independencia de la cultura y las creencias personales, es evitar sentirse impotente. Eso se consigue trabajando para cambiar lo que podemos cambiar y aceptando lo que no es posible.

Recuerdo una película rusa que vi una vez, sobre una anciana que estaba postrada en la cama y paralítica a excepción de un dedo, el cual tenía atado a un cordón que hacía sonar un ruidoso timbre. Cada vez que la anciana movía el dedo meñique, el timbre resonaba por toda la casa. Pese a estar incapacitada, esa paciente controlaba el destino de toda la familia. Esta era prisionera de su timbre. Para que las familias puedan vivir con un enfermo crónico en la casa, tanto el paciente como la familia deben encontrar un equilibrio entre el dominio y la aceptación. Solo entonces podrán avanzar más allá del dolor de la ambigüedad de larga duración.

8. El sentido de la ambigüedad

> La pérdida no era —no debería serlo, no lo podía ser— un fin en sí mismo. Tenía que significar algo. Pero encontrar ese significado era como escalar un muro gigantesco. ¿Estaría allí precisamente para que yo la superara?
>
> SUSANA TAMARO, *Donde el corazón te lleve*

La última etapa, y también la más difícil, en la resolución de cualquier tipo de pérdida, es encontrarle un sentido. En el caso de la pérdida ambigua, darle un significado resulta todavía más difícil, porque el propio pesar permanece sin solucionarse. Pero si no logramos encontrarle sentido a la ambigüedad, nada cambia realmente. Nos limitamos a soportarla.

Mantener la esperanza frente a una pérdida ambigua de larga duración requiere un esfuerzo incesante, que recuerda la historia de Sísifo.[1] Los dioses condenaron a Sísifo a arrastrar por toda la eternidad una roca hasta lo alto de una montaña. Cuando él por fin alcanzaba la cima, la roca se caía y Sísifo tenía que volver a empezar. No existe un castigo más terrible, pensaron los dioses, que el esfuerzo inútil.

Lo que hace que esa historia sea trágica es que Sísifo era consciente de que no había esperanzas de lograrlo. El problema

1 C. B. Avery, (comp.), *The New Century Classical Handbook,* Nueva York, Appleton-Century-Crofts, Inc., 1962, p. 1015. Véase también A. Camus, *The Myth of Sisyphus and Other Essays*, Nueva York, Vintage Books, 1955, p. 70 [trad. cast.: *El mito de Sísifo*, trad. de Esther Benítez, Barcelona, Random House, 2021].

al que se enfrentaba era imposible de resolver. Es precisamente a ese tipo de trabajo incesante al que se enfrentan las personas con pérdidas ambiguas, personas como la anciana que cuida con ternura al marido que ya no la reconoce; la madre que busca sin desfallecimiento a un hijo desaparecido; la hermana de un soldado desaparecido que presiona constantemente al gobierno para que prosiga con su búsqueda; y los amigos que cuidan durante las veinticuatro horas del día a un paciente de sida que se está muriendo. No obstante, al contrario de Sísifo, los que sufren ese pesar sin resolver todavía pueden aferrarse a la esperanza. La meta es que las familias encuentren alguna manera de cambiar, aunque la ambigüedad persista. Eso constituye todavía otra paradoja: transformar una situación que no va a cambiar.

Mucha gente lo consigue. En verdad, en mis investigaciones y mi práctica clínica, constato que muchos son capaces de ver alguna esperanza en su pérdida ambigua. Cuando una enfermedad no se cura, las personas, con creatividad, encuentran esperanza de otros modos: haciendo lo mejor que pueden para sobrellevar la enfermedad, sea ayudando a otros que sufren el mismo dolor o buscando la forma de evitar que otros lleguen a pasar por eso. La gente, con un ingenio sorprendente, infunde esperanza a lo que parece una situación trágica. Los padres de niños desaparecidos presionan a los legisladores y consiguen que se cambien las leyes de modo que estas proporcionen mayor protección a los menores; crean redes informáticas internacionales que permiten transmitir las fotos de los niños desaparecidos, en tiempo real, a todo el país y el mundo. Los familiares de enfermos físicos o mentales trabajan para cambiar las leyes y crean asociaciones nacionales que ejercen influencia sobre el ejercicio de los trabajadores sanitarios y el dinero que el gobierno asigna para la investigación de las enfermedades incapacitantes. La gente utiliza su facultad de dominio para lograr cambios, no necesariamente para modificar la tragedia de su propia pérdida, sino para ayudar a otros que podrían llegar a sufrir en el futuro una pérdida semejante. Si el mundo es injusto porque les ha causado su pérdida ambigua, deciden extraerle sentido al caos y rebajar la probabilidad de que otros sufran esa misma pérdida.

He verificado, a partir de mis propias investigaciones y observaciones clínicas, así como de las investigaciones de otros, que varios factores influyen en el modo por el que las familias le encuentran sentido a la pérdida ambigua. El primer factor es la familia de origen y las experiencias sociales tempranas. La familia es el primer sitio donde aprendemos las normas, los papeles y los ritos para comprender una pérdida. Cuando trabajo con parejas y familias, les pregunto cómo actuaban sus respectivas familias de origen. ¿Se les permitía expresar sus sentimientos de tristeza? ¿Se esperaba que solo las mujeres y las chicas cuidaran a los débiles y los que se estaban muriendo? ¿Se esperaba que los hombres y los chicos se portaran con estoicismo? ¿Se llegaban a modificar los ritos y las celebraciones de la familia y, en caso afirmativo, por qué? ¿Qué miembro de la familia era capaz de tolerar no tener la respuesta a un problema? ¿Qué pensaban que permitía que esa persona fuera capaz de tolerar la ambigüedad: su personalidad, su sexo, su edad, experiencia de vida o creencias religiosas? Esas preguntas me ayudan a formarme una idea de cómo se les ha enseñado a esas personas a tratar con situaciones incomprensibles.

Puesto que los ritos y las celebraciones revelan muchas cosas sobre una familia, considero que esos acontecimientos son una fuente de indicaciones sobre la tolerancia de esa familia a la ambigüedad. Pregunto a las parejas y las familias sobre sus acontecimientos especiales: las fiestas, los ritos de nacimiento, madurez, matrimonio y muerte, al igual que las celebraciones de logros tales como la licenciatura u otras ceremonias de reconocimiento. Con el fin de determinar quién hace parte de la familia, pregunto a quién se invita a esos acontecimientos y a quién no. También inquiero qué papeles desempeña cada cual, y qué reglas existen de forma explícita o implícita para cambiar los ritos y las celebraciones familiares. Resulta sobremanera útil centrar las discusiones de la familia en esos eventos memorables, porque facilita que sus miembros encuentren sentido a su pérdida mal definida.

La familia Olson se reunía en la casa familiar todos los meses de noviembre para el Día de Acción de Gracias. Tres generaciones se congregaban alrededor de la gran mesa de la cena, engalanada con la comida y la porcelana de la familia. En la cabecera de la mesa se sentaba el señor Olson, el querido padre y abuelo de la familia. Una vez que se traía de la cocina al pavo en una gran fuente, empezaba la ceremonia. La familia se sentaba y todos los ojos se posaban en el señor Olson, mientras este se disponía a trinchar el pavo de diez kilos. A todos les encantaba ese momento. Pero ese año algo no iba bien. El señor Olson se estaba haciendo un lío con el pavo. Mientras intentaba trincharlo, el pájaro de pronto se escurrió ceremoniosamente de la fuente hacia el mantel y de ahí al suelo. Hubo un silencio. La primera en hablar fue la señora Olson, que manifestó su preocupación por las manchas de la alfombra y el mantel antiguo. Pero todos, incluido el señor Olson, se sentían preocupados porque él ya no conseguía realizar ese rito festivo como acostumbraba: con dignidad y precisión. Todos sabían que los médicos le habían diagnosticado la enfermedad de Alzheimer, pero ya que el diagnóstico no era de certeza, negaban tal posibilidad. Sin embargo, en el Día de Acción de Gracias todos vieron que sus facultades empezaban a fallar y tuvieron que aceptar que él estaba cambiando. El siguiente año, la señora Olson sugirió que se saltaran la cena de Acción de Gracias para salvar a la familia y al abuelo del embarazo de que este ya no fuera capaz de trinchar el pavo.

Cancelar las celebraciones en lugar de modificarlas es una pauta corriente de respuesta en las familias con una pérdida ambigua. No obstante, una vez que esas familias empiezan a comunicarse en las sesiones de terapia, alguno de sus componentes, casi siempre un niño, defiende que se continúe la tradición. Pido entonces a la familia que reflexione sobre cómo podrían continuar la celebración modificándola de alguna manera, en ese caso de forma a evitar el embarazo, pero sin perder el significado del acontecimiento. ¿Podría otra persona tomar el lugar del abuelo? ¿Podría la abuela sentarse a la cabecera de la mesa y trinchar el pavo? ¿Podría el hijo o la hija mayor desempeñar ese papel? No. En la familia Olson, nadie deseaba desplazar a ese hombre querido de su lugar a la cabecera de la mesa. Entonces, alguien tuvo una idea distinta: «Mantengamos todo como ha sido siempre, y cambiemos solo una cosa. Alguien puede trinchar el pavo en la cocina y luego traerlo y ponerlo delante del abuelo, que seguirá sentándose en la cabecera. Los que se sienten a su lado pueden ayudarlo a servir». Una idea sencilla, y sin embargo con un significado muy profundo.

Esa familia, al no estar acostumbrada a la espontaneidad y la flexibilidad, no había llegado a considerar previamente la posibilidad de adaptarse y cambiar. Al principio, se inclinaban por cancelar la cena ritual a causa del deterioro de la salud del patriarca. El primer cambio fue adoptar la sugerencia de facilitarle un pavo ya cortado, pero, a medida que la demencia progresó (y que los papeles atribuidos a los sexos se volvieron más flexibles) la señora Olson tomó el relevo a la cabecera de la mesa del Día de Acción de Gracias, puesto que ella era ahora la cabeza de familia. El abuelo se sentaba a su lado, más relajado que cuando todavía intentaba desempeñar un papel que ya no conseguía ejercer. Evidentemente, los ritos y las celebraciones familiares no tienen por qué interrumpirse solo a causa de una pérdida ambigua, pero las personas concernidas necesitan descubrir qué significa la pérdida para ellas antes de que puedan modificar sus tradiciones familiares.

A menudo, a las personas que logran aceptar una situación sin tener que dominarla les resulta más fácil ser espontáneas y flexibles para cambiar las pautas y tradiciones de larga vigencia. Pero mi trabajo me ha enseñado que todos, con independencia de la edad, son capaces de cambiar si lo desean; y que se sienten aliviados cuando aprenden que pueden revisar tradiciones familiares queridas en lugar de desistir por completo de ellas.

Las familias que intentan encontrar sentido a la pérdida ambigua también sufren la influencia de su espiritualidad. Tanto en las entrevistas de investigación como en mi práctica clínica, las personas me refieren muchas veces que encuentran paz y fortaleza en sus creencias espirituales. El hijo y la hija adultos de una familia que entrevisté vinieron a una sesión de terapia familiar porque temían que el estrés que experimentaba su madre de ochenta años la mataría antes de que el padre muriera a causa de la demencia. Tanto el hijo como la hija eran ejecutivos de grandes empresas. Estaban impacientes, hablaban rápidamente y miraban a su madre y luego a sus relojes.

Entretanto, la madre estaba sentada serenamente. No parecía agobiada, aunque sus hijos sí. «Mamá, tenemos que hacer algo. Debes estar muy agobiada con todo ese trabajo que estás teniendo al cuidar a papá», dijo el hijo. «Pero no lo estoy», respondió ella. «Dios me ayuda y me protege mientras hago ese trabajo». La hija pareció indignarse: «Pero mamá, ¡tienes que estar agobiada!».

Lo que yo vi fue a dos hijos adultos llenos de ansiedad y estrés, y por contra una madre anciana conforme con su parte. En realidad, la carga de la madre era pesada, pero ella no la percibía como tal. La situación parecía cobrarles un precio más alto a los hijos, que ni siquiera estaban ayudando en los cuidados del paciente.

Cuando hablé con la familia, compartí lo que veía. En las reuniones siguientes, los hijos pasaron a reconocer que su falta de participación en la familia en esa ocasión había aumentado su propia ansiedad. Hablamos sobre cómo el trabajo de la madre podría volverse un trabajo más de equipo. A pesar de que los hijos estaban muy atareados con sus carreras, hablaron con su madre sobre qué podían hacer para ayudarla. Uno se encargó de los papeles, que eran considerables, y el otro acordó buscar algún relevo o un centro de día, de modo que la madre pudiera descansar por lo menos una tarde a la semana. Al final, el hijo y la hija hasta se rieron un poco de que el estrés fuera su problema, más que de la madre. La anciana sonrió astutamente, y añadió: «Sé que Dios me está ayudando, pero me gusta que vosotros ayudéis también».

Las mujeres anishinaabe del norte de Minnesota también se volvían hacia la espiritualidad al aceptar la demencia de un anciano. «Siempre me enseñaron que las cosas ocurren por alguna razón, y mi tía enfermando, había alguna razón para que Dios la tuviera enferma, y ese es el único modo como lo puedo justificar», dijo Ruby. «Lo que pienso es que Dios no te da una carga mayor de la que puedes llevar... Y creo que todo lo que está pasando de cierta forma está pasando de una manera que todas las veces que hago algo, eso me lleva a hacer algo más ... Miro a mamá casi de la misma dichosa manera [en que lo hago con mis hijos y nietos]. Es como esa vieja historia que cuentan, entras a gatas en este mundo y luego sales igual», dijo otra mujer.

Como explicó una tercera mujer, el ciclo de la vida se completaba con el Alzheimer: «[Mi madre] llegó a ser como una niña pequeña; es como ese círculo completo, y ella lo está completando y sencillamente está volviendo al inicio... se ha vuelto una niña pequeña otra vez».[2]

A pesar de que las personas que experimentan una pérdida ambigua poseen distintas creencias sobre la espiritualidad y Dios, lo que las une es la capacidad para encontrar algún sentido a su situación, incierta como es.

Otro factor que influye en el modo de entender la pérdida ambigua es la manera de pensar de las personas. ¿Son optimistas o pesimistas? La esposa que cuidaba de un hombre que se había vuelto incontinente dijo: «¡Él no está más que desquitándose por todas las veces que le hice rabiar! ¡Me va a matar!». Ella interpretaba su tarea de cuidadora de la peor manera posible. Otra mujer, en una situación semejante, dijo: «Me han dado una última oportunidad de demostrar cuánto amo a mi marido. Sé que soy capaz de sobrellevar esto». No es de extrañar que, con esa valoración más optimista, los síntomas depresivos de la segunda mujer fueran menores y su salud mejor que los de la primera mujer. Esas dos cuidadoras exigían métodos de intervención y apoyo muy distintos, como consecuencia de su forma de procesar la información. La optimista veía la botella medio llena; la pesimista la veía medio vacía.

El psicólogo Martin Seligman denomina ese tipo de optimismo y pesimismo «maneras de pensar». Explica que los pesimistas «tienden a creer que los acontecimientos malos durarán mucho, socavarán todo lo que hagan y son por su propia culpa. Los optimistas, que se enfrentan a los mismos golpes duros... se inclinan por creer que el fracaso es solo un contratiempo pasa-

2 P. Boss, L. Kaplan y M. Gordon, «Accepting the circle of life», *Center for Urban and Regional Affairs Reporter* 25 (3) (1995), pp. 7-11; véase también P. Boss, «Family values and belief systems», en *Family Stress Management,* Newbury Park, California, Sage Publications, 1988, pp. 95-108, y discusiones sobre la teoría del mundo justo, p. 118 y pp. 127-129.

jero, y que sus causas se limitan a ese único caso». Los optimistas creen que, si no pueden solucionar un problema, eso se debe a circunstancias externas o de la mala suerte, y no a algo que hicieron mal. Las personas que tienden a pensar de un modo optimista, según Seligman, no se desconciertan con el fracaso. Cuando se les presenta una situación mala, la ven sencillamente como un reto, y se esfuerzan más para superarlo.[3]

Mientras exista optimismo y esperanza, seguir trabajando en la relación con alguien que se está muriendo poco a poco puede constituir una especie de victoria, al igual que hacerlo con el cónyuge divorciado que coopera en la crianza de los hijos, o dejar asimismo que vuelvan a casa los chicos después de que la hayan dejado, incluso sabiendo que volverán a marcharse, o seguir buscando a un padre o hijo desaparecidos. Eso es lo que hacemos los seres humanos: seguimos cargando la piedra hasta lo alto de la montaña. Si lo hacemos con optimismo, la perseverancia no es absurda.

Finalmente, la visión que se tiene sobre el funcionamiento del mundo influye sobre la manera de encontrarle sentido a la pérdida ambigua. Percibir el mundo de forma lógica, como siendo un lugar hermoso y justo, puede constituirse en un obstáculo para tolerar la pérdida ambigua. Las personas que ven el mundo de esa manera creen que recibimos lo que nos merecemos. O sea, que si trabajamos duro y somos correctos, tendremos éxito y seremos felices. Sin embargo, la otra cara de esa idea abunda en enjuiciamientos y culpas: si la gente tiene problemas, es por su propia culpa. Ellos o sus familias deben de haber sido incompetentes, perezosos o disolutos, y por lo tanto se les está castigando justamente. Por supuesto, el problema con esa concepción del mundo es que las cosas malas también les pasan a las personas buenas. Las enfermedades físicas y mentales y los desastres naturales no son culpa de nadie. No obstante, esos aconteci-

3 M. E. P. Seligman, *Learned Optimism*, Nueva York, Pocket Books, 1990. Véase su descripción del humor deprimido: «un estilo de explicación pesimista se encuentra en el corazón del pensamiento deprimido..»., p. 58. Véase también la p. 5.

mientos externos pueden acarrear graves pérdidas a las familias. Buscar culpables raramente ayuda.

Si nos hacemos la pregunta fundamental: «¿Por qué ha pasado esto?», debemos estar preparados para buscar más allá de una elegante ecuación de causa y efecto, y aprender a vivir con la incertidumbre. No podemos saber con seguridad por qué les pasan cosas malas a las personas buenas, pero sabemos que no todo lo que ocurre es una consecuencia de nuestros actos. Resulta difícil aprender a abandonar el pensamiento del tipo causa-efecto, porque a la mayoría de nosotros se nos ha enseñado a ver el mundo como un lugar racional: mamá perdió la cabeza porque no comía bien; un niño fue raptado porque sus padres le dejaron ir al mercado; un marido bebe porque su mujer le fastidia. Oigo todo el tiempo esas interpretaciones lineales en mi trabajo, las cuales se derivan de la necesidad inherente de encontrar culpas. Las personas se aferran a la idea de que el mundo siempre es justo, pero, cuando no lo es, no tienen cómo controlar lo aleatorio de sus propias pérdidas. Y ese es un pensamiento que para muchos resulta asustador.

En *One Thousand Acres,* de Jane Smiley, el personaje de Rose ilustra la creencia en un mundo justo en una conversación con su hermana: «Ginny, sé lo que pienso porque he pensado mucho sobre eso. Lo estuve pensando en el hospital, después de la operación. Sabes, la muerte de mamá, y papá, y Pete un borracho despreciable, y tener que echar a las chicas, y luego, para colmo, perder una parte de mi propio cuerpo. Ante todo eso, si no existen algunas reglas, ¿qué hay entonces? Tiene que haber algo, orden, rectitud. Justicia, ¡por Dios!».[4]

Es corriente la necesidad de adjudicar culpas a las personas que se enfrentan a una pérdida u otra experiencia traumática. Un soldado que había sido prisionero de guerra me contó que le había llevado mucho tiempo entender el porqué de su captura. Le pedí que me lo explicara. Dijo que al principio pensó que había sido culpa suya, que no había corrido lo bastante rápido como para

4 J. Smiley, *One Thousand Acres,* Nueva York, Fawcett Columbine Books, 1991, p. 235 [trad. cast.: *Heredarás la tierra*, trad. de Inga Pellisa, Madrid, Sexto Piso, 2023].

alcanzar el helicóptero, que no estaba lo bastante en forma. Pero después de un tiempo en cautividad, refirió que había pasado a culpar a otros. «¿A quiénes?», pregunté. «A los políticos», dijo. Su ira ya no se dirigía tan hondo contra sí mismo, sino que ahora apuntaba hacia una causa externa y modificaba el significado de su captura, facilitando de ese modo que él y su familia se recobraran de tan dura prueba.

Los que no se culpan a sí mismos ni a los demás a menudo atribuyen su infortunio a la mala suerte. Esa aproximación a la pérdida ambigua es más eficaz que la de culparse a sí mismos. En verdad, atribuirla al acaso es de por sí una manera de dar sentido a la incertidumbre que rodea una pérdida. Hicimos todo bien, y sencillamente ocurrió eso. Entender que no siempre podemos saber por qué pasan las cosas es en sí misma una respuesta.

Determinar que fuerzas externas son a menudo la causa de una pérdida ambigua, y no nuestros propios defectos, es a un tiempo trágico y liberador. No por eso se soluciona la pérdida, pero mucha gente logra dar sentido a su tragedia. Recuérdese la historia de Betty y Kenny Klein, cuyos tres hijos desaparecieron. Su primera suposición fue que habían sido malos padres. Pero cuando posteriormente Betty volvió a quedarse embarazada, interpretó el hecho de que iban a tener más hijos como una afirmación por parte de Dios de que habían sido buenos: «Nos estaba volviendo a dar hijos, no para reemplazar a los tres que se habían ido, porque es imposible, sino para probarnos, de algún modo, pensé, que éramos buenos padres pese a todo». Ella llegó a creer, incluso, que su pérdida tuvo algún significado para otros padres: «Pensé que, bueno, quizá otras madres van a mirar a sus hijos y tenerlos un poco más cerca, sabe usted, a causa de ello. Estoy segura de que [hubo] muchos padres que cogieron a sus hijos en brazos, sabe usted, cuando pasó eso con nuestros hijos. Estoy segura de que [los] hubo».[5] Mientras escuchaba con admiración

5 D. Fravel y P. Boss, «An in-depth interview with the parents of missing children», en M. Gilgun, K. Daly y G. Handel (comp.), *Qualitative Methods in Family Research,* Newbury Park, California, Sage Publications, 1992, pp. 140-141.

a esa mujer en su casa soleada, recordé una frase de Carl Jung: «El sentido hace que muchas cosas sean soportables; quizá todo».[6]

Echarnos la culpa no es eficaz, porque nos impide seguir adelante con nuestras vidas. Si no podemos perdonarnos, o perdonar a los demás, damos vueltas al pasado; no hay un cierre. No podemos hacer el duelo. El mayor experimento público para minimizar las culpas está teniendo lugar ahora en Sudáfrica, con el fin de recobrarse después de una pérdida ambigua.[7]

Tras décadas de terror, no existe documentación en Sudáfrica sobre las numerosas víctimas que cayeron en la lucha por la libertad. El nuevo gobierno, encabezado por el presidente Nelson Mandela, ha formado la Comisión por la Verdad y la Reconciliación. El obispo Desmond Tutu dirige la comisión, y realizó una llamada sin precedentes para que los que perpetraron los crímenes den testimonio público de los mismos, a cambio de amnistía para ellos y de datos para la mayor parte de los familiares de las víctimas. Funciona de la siguiente manera: una madre cuenta el caso de su hijo desaparecido; el culpable explica entonces cómo, cuándo y dónde torturó y mató al hijo. Juntando los datos, ella se forma una idea más completa de lo que pasó y de si su hijo está muerto de verdad. La apuesta oficial es que la confesión pública del culpable y el relato que hace la víctima sobre su hijo desaparecido llevará a la reconciliación entre los dos enemigos y, en última instancia, a la cicatrización social. La premisa es que confesar y perdonar funciona. Pero yo añadiría que ese proceso también es eficaz porque ofrece a las familias toda la información posible sobre sus seres queridos. Por supuesto, no existe la garantía de que los culpables serán sinceros en sus confesiones, puesto que la recompensa de la amnistía de las penas es tentadora. Tal vez el pueblo sudafricano (y el de cualquier otro país en el que las personas hayan desaparecido sin que fuera posible verificar las muertes) pueda llegar a la acep-

6 C. Jung, *Memories, Dreams, and Reflections,* Nueva York, Pantheon Books, 1961, p. 340 [trad. cast.: *Recuerdos, sueños, pensamientos*, trad. de María Rosa Borràs, Barcelona, Seix Barral, 2021].

7 K. Asmal, L. Asmal y R. S. Roberts, *Reconciliation through Truth,* Nueva York, St. Martin's Press, 1997.

tación de sus pérdidas ambiguas a pesar de saber que la solución no será perfecta. Pienso en los numerosos niños desaparecidos en este mundo y en cómo una información clara, aunque sea la del criminal, ayudaría a tantas familias a cerrar una pérdida devastadora. Para numerosos padres, saber con seguridad qué pasó con el hijo desaparecido, si está vivo o si ha muerto, dónde está su cuerpo, valdría la concesión de una amnistía. Para muchos, la información que corrobora una pérdida vale incluso más que la venganza. Por consiguiente, debemos observar de cerca el experimento de Sudáfrica, pues, si funciona, podría proporcionar una manera excepcional de cerrar pérdidas ambiguas a escala nacional después de catástrofes importantes como, por ejemplo, las guerras.

Contar cuentos ha sido siempre un modo de dar sentido a las pérdidas. Muchos sudafricanos crecieron escuchando viejos relatos tribales que a menudo versaban sobre víctimas, perseguidores y el perdón; los norteamericanos nativos contaban historias para curar. El presente resurgimiento del análisis narrativo es solo otro testimonio sobre la utilidad de contar historias para encontrarle sentido a nuestras pérdidas.[8] Tal vez los que nos hemos formado en las tradiciones positivistas deberíamos escuchar con más atención a los relatos de las personas, para así poder oír nuevas preguntas, nuevas respuestas y, lo que es más importante, los nuevos significados que atribuyen las familias al hecho de vivir con pérdidas que no pueden solucionar. De ese modo, encontraremos juntos sentido en el caos.

Las familias me cuentan que los viejos relatos plenos de ritos, símbolos y metáforas son útiles cuando luchan por encontrarle sentido a la pérdida ambigua. A una familia de un paciente de

8 Véase A. Antonovsky, *Health, Stress and Coping*, San Francisco, Jossey-Bass, 1979; A. Antonovsky, *Unraveling the Mystery of Health*, San Francisco, Jossey-Bass, 1987; P. L. Berger y T. Luckmann, *La construcción social de la realidad*, Buenos Aires, Amorrortu, 2019; J. Patterson y A. Garwick, «Levels of meaning in family stress theory», *Family Process* 33 (1994), pp. 287-304; V. Frankl, *El hombre en busca de sentido*, Barcelona, Herder, [3]2015. Véase también A. Miller, «The empty chair», en *Collected Plays*, Nueva York, Viking, 1957, p. 8. Miller escribió sobre los temas universales de la pérdida, el duelo abortado y el sentido de las cosas.

Alzheimer le pareció que sus distintas percepciones eran similares al cuento de «Rashomon», de 1920, del escritor japonés Akutagawa. En esa historia, los testigos de un crimen que había tenido lugar en un bosquecillo relatan de forma contradictoria lo que ocurrió.[9] Los testigos cuentan lo que vio cada uno y, al igual que con los testigos de hoy en día, sus historias no coinciden. Todos tienen una percepción diferente sobre lo que ocurrió y todos piensan que su propia historia es la verdadera. Ese cuento recuerda a las familias que la presencia y la ausencia de un ser querido es relativa. Aprenden que las interpretaciones divergentes acontecen entre los distintos miembros de una familia, y que no hace falta encontrar una simetría perfecta en la comprensión de la pérdida. Otro cuento salió a colación cuando entrevistaba a las esposas de pilotos desaparecidos. Varias mujeres mencionaban a menudo *El principito,* de Antoine de Saint-Exupéry. Decían que les ayudaba a comprender la desaparición de sus maridos. Yo no había leído el libro, pues pensaba que era para niños, pero me puse a ello inmediatamente después de hablar con las mujeres. Enseguida me resultó evidente por qué la historia las ayudaba. No solo el principito era un piloto derribado, sino que el relato es, además, pleno de significación sobre la ambigüedad de la presencia y la ausencia, como también de los temas que de verdad importan.

El principito enseña al zorro que en la vida es muy importante dejarse domesticar; subraya que es vital hacer concesiones. Al principio, el zorro se resiste a que el principito le domestique, pero luego lo acepta, conociendo el riesgo:

> Si me domésticas, será como si mi vida se bañara de sol. Conoceré un ruido de pasos que será diferente de todos los otros. Los otros pasos me hacen meterme bajo tierra. El tuyo me llamará fuera del cubil, como una música. Además, fíjate: ¿ves allí los campos de trigo? Yo no como pan. Para mí, el trigo es inútil. Los campos de trigo no me recuerdan nada. ¡Y eso es muy triste! Pero tú tienes

9 R. Akutagawa, «In a grove», en *Rashomon and Other Stories,* Ruthland, Vt., y Tokio, Charles E. Tuttle Company, 1952, pp. 13-25 [trad. cast.: *Rashomon y otros cuentos*, Madrid, Miraguano Ediciones, 2018]. Es un relato zen sobre el equilibrio entre la realidad y la ilusión.

> cabellos color de oro. ¡Entonces, cuando me hayas domesticado, será maravilloso! El trigo, que es dorado, me traerá tu recuerdo. Y me gustará el rumor del viento en el trigo.[10]

Si nos domestican, o tenemos una relación íntima, nos volvemos vulnerables a la pérdida, pero el riesgo vale la pena. Cada vez que miramos, metafóricamente hablando, a los campos de trigo de las estrellas, recordamos a nuestros seres queridos; en ese momento, están con nosotros.

«Sí salgo ganando», dijo el zorro, «por el color del trigo».[11]

Cuando se trata de una pérdida ambigua, es fundamental que luchemos para comprenderla, aunque no tenga sentido.

El proceso de comprender y seguir adelante, cuando alguien a quien amamos falta física o psicológicamente, es de una inmensa dificultad. Los cuentos ayudan a algunas personas a encontrarle sentido a la situación. Las metáforas y los símbolos, más que las respuestas con precisión científica, nos permiten transcender la situación inmediata y encontrarle sentido a nuestra pérdida. A menudo, cuando nos salimos de lo categórico, algo que no lográbamos comprender de pronto hace sentido.[12]

10 Antoine de Saint-Exupéry, *El Principito,* trad. de Joelle Eyhéramonno, México D.F., Enrique Sainz editores, S.A., 1984, p. 95.

11 *Ibid.,* pp. 86-87.

12 Los cientistas no niegan el significado, ni su importancia para evitar el sufrimiento humano; los investigadores médicos cada vez encuentran más comprobación de que el sentido influye en la salud. Véase, por ejemplo, B. D. Miller y B. L. Wood, «Influence of specific emotional states on autonomic reactivity and pulmonary function in asthmatic children», *Journal of the American Academy of Child and Adolescent Psychiatry* 36 (5) (1997), pp. 669-677; A. Antonovsky, *Health, Stress and Coping,* San Francisco, Jossey-Bass, 1979; A. Antonovsky, *Unraveling the Mystery of Health,* San Francisco, Jossey-Bass, 1987; y H. Ellenberger [1970], *El descubrimiento del inconsciente,* Madrid, Gredos, 1976. Ellenberger escribió sobre un paciente llamado Frank, que estaba en la Unidad de Cuidados Intensivos con un insoportable dolor en el pecho. El paciente creía que se debía a un ataque de corazón. Para aliviar el fastidio, aprendió a controlar su tensión sanguínea. En el momento del alta, el doctor Ellenberger le preguntó cómo lo conseguía. «Lo hago con el significado», dijo. «Si quiero bajar mi frecuencia cardíaca, cierro los ojos y me centro en el dolor del pecho. Hago que signifique para

Los terapeutas de familia y los médicos especialistas deben escuchar a los familiares cuando relatan lo que la pérdida ambigua significa para ellos, pues sus historias variarán con la cultura, el sexo, la raza, el grupo étnico, la orientación sexual e, incluso, la edad. Las historias contendrán pistas sobre el origen de su angustia y, por lo tanto, de su significado: ¿están preocupados porque no se pueden imaginar lo que ha pasado? ¿O porque parece una cosa de locos servir de padres a sus propios padres? ¿O se angustian porque se sienten impotentes y culpables? Escuchando sus historias, ganaríamos no solo una mejor comprensión de lo que están experimentando, sino también una valoración real de su capacidad para sobrevivir e incluso trascender la presión que fuerzas exteriores les han impuesto.

Las personas necesitan creer que pueden llevar el pedrusco hasta la cima de la montaña de una vez por todas, o no tendrá sentido su esfuerzo como cuidadores (cuidar a una persona que, emocionalmente, se ha marchado, o esperar que una persona desaparecida vuelva a casa). Los que esperan interminablemente información sobre una persona perdida no lo hacen en vano si encuentran esperanza y optimismo en su lucha. De hecho, son capaces de encontrar un sentido en medio de la niebla de la ambigüedad como consecuencia de su capacidad para permanecer optimistas, creativos y flexibles.

---

mí solo una indigestión o quizá un dolor muscular. Sé que no es nada; mañana volveré a trabajar. Si quiero que suba mi frecuencia cardíaca, cambio el significado. Pienso en lo peor; he tenido de verdad un ataque cardíaco. Nunca volveré a trabajar. Solo estoy a la espera del gran ataque». Citado en L. Dossey, *Alternative Therapies* 1 (3) (julio de 1995), p. 10. El caso de Frank ilustra que los significados pueden modificar los niveles de estrés y los desenlaces médicos.

9. El beneficio de la duda

> Hay un pasaje corto cerca del final [de la *Novena Sinfonía* de Mahler] en el que los violoncelos, durante un par de compases, apartan a un lado a los violines que están casi desvaneciéndose, empeñados en echar una mirada sostenida atrás. Esas notas más graves retoman fragmentos del primer movimiento, como si se prepararan para empezar todo otra vez, pero entonces los violoncelos se calman y desaparecen como una exhalación. Yo acostumbraba escuchar eso como unos maravillosos instantes de aliento: volveremos, todavía estamos aquí, sigue adelante, sigue adelante.
>
> LEWIS THOMAS, *Late Night Thoughts on Listening to Mahler's Ninth Synphony*

Los poetas siempre han sido conscientes de que la ambigüedad produce tanto ansiedad como una profunda fascinación. Nos conmueve porque de algún modo sabemos que no existe nada seguro en las relaciones humanas. Rilke aconsejaba a un joven poeta que «amara las preguntas mismas»; Keats describió lo que denominaba «capacidad negativa»; y, hoy día, Alice Walker nos dice: «Planea, pero no como si todo fuera a pasar tal como lo has pensado... No esperes nada, y vive con frugalidad en la sorpresa».[1] El tema común que une a esos poetas a través de los siglos es que la ambigüedad no tiene por qué ser devastadora.

1 M. B. Forman (comp.), *The Letters of John Keats*, Londres, Oxford, [4]1952, p. 71. Keats define «capacidad negativa» como «cuando se es capaz de estar con la incertidumbre, el misterio y la duda sin aspirar con irritación a

Es trágico darse cuenta de que alguien a quien queremos no está ni aquí ni allí. Pero al mismo tiempo, y a pesar del fuerte estrés, la pérdida ambigua puede producir algún beneficio. En la confusión y la falta de rigidez se encuentran las oportunidades para la creatividad, así como nuevas maneras de ser que encierran alguna finalidad y una probabilidad de crecimiento.

La familia Pulleyblank sufrió ocho años de agonía mientras contemplaba cómo su padre desaparecía a causa de la enfermedad de Lou Gehrig; se fue quedando paralítico hasta que ya solo conseguía pestañear. Al principio de la enfermedad, el padre y la madre enseñaron valientemente a sus hijos a aprovechar al máximo el tiempo que les quedaba juntos. Hablaban de lo que estaba pasando y lucharon juntos para intentar comprender qué significaba todo aquello. Con frecuencia, con la ayuda de familiares y amigos, ampliaban las fronteras de su vida limitada sacando a Ron al mundo, en su silla de ruedas y conectado al respirador, y llevándolo a un concierto, al mar y a Yosemite, a ver las montañas que un día había escalado. Años más tarde, Ellen Pulleyblank, también terapeuta, me dijo que una de las duras lecciones que aprendió a lo largo de la enfermedad del marido fue que debía dejar de esperar explicaciones racionales para lo inexplicable; desistir de intentar controlar lo incontrolable; y ser testigo del sufrimiento del otro estando presente y haciendo solo lo que era posible. Nunca había pensado que fuera el tipo de persona que necesitaba ayuda, pero confiesa: «Sin la ayuda que aprendí a pedir, y que con tanta generosidad recibí, nunca hubiéramos conseguido aprender a vivir con ese infortunio».[2]

Después de experiencias como esas con la ambigüedad, los familiares a menudo se encuentran más capacitados para investigar territorios desconocidos en muchos otros terrenos: pueden asumir riesgos en sus carreras, intentar hacer piragüismo en torrentes,

---

los hechos y la razón». Véase también A. Walker, *Anything We Love Can Be Saved*, Nueva York, Random House, 1997.

2 E. Pulleyblank y T. Valva, *My Sympton Is Stillness: An ALS Story*, Berkeley, California, East Bay Media Center, 1991; E. Pulleyblank, «Hard lessons», *The Family Therapy Networker*, enero/ febrero de 1996, pp. 42-49, y comunicación personal, septiembre de 1998.

viajar por su cuenta por países exóticos, casarse incluso. Son capaces de correr riesgos porque han aprendido a vivir con la incertidumbre.

La pérdida ambigua es devastadora y puede ocasionar efectos traumáticos duraderos. Pero, con apoyo y flexibilidad, algunas personas utilizan la experiencia para aprender a vivir en circunstancias difíciles a lo largo de la vida, equilibrando su habilidad para hacer el duelo por lo que han perdido con el reconocimiento de lo que todavía es posible.

La ambigüedad puede hacer que las personas dependan menos de la estabilidad y se sientan más cómodas con la espontaneidad y el cambio. Sin embargo, es asustador alcanzar ese punto, sobre todo para los que están acostumbrados a encargarse de las cosas. La tarea, con la pérdida ambigua, es dejar acontecer, arriesgarse a avanzar, incluso cuando no sabemos exactamente a dónde vamos. Nos movemos para evitar quedarnos paralizados en el sitio o volvernos cómodamente estáticos; y lo hacemos con actitudes que dan realce a la vida.

Tanto la pérdida como la ambigüedad son elementos centrales en la experiencia humana, por lo que no resulta sorprendente que a menudo se funden en una «pérdida ambigua». La falta de seguridad contiene un elemento de ventaja con respecto a las pérdidas más corrientes, porque uno es libre para esperar un desenlace positivo. Viktor Frankl, en su relato de la vida en un campo de concentración nazi, lo llamaba «trágico optimismo».[3] Algunas familias mayores que entrevisté lo denominan «resquicio de esperanza». Gilda Radner lo llamó «deliciosa ambigüedad».

Radner, de treinta y nueve años, y que luchaba contra un cáncer de ovario avanzado, esperaba terminar su libro con datos que documentaran su recuperación de la enfermedad, pero en vez de eso lo concluyó con un homenaje a la ambigüedad: «Ahora he aprendido, por las malas, que algunos poemas no riman, y algunas historias no tienen un inicio, un nudo y un desenlace claros... Al igual que mi vida, este libro versa sobre no saber y tener que cambiar, tomar cada momento y sacarle el mejor pro-

3 V. Frankl, *El hombre en busca de sentido*, Barcelona, Herder, [3]2015.

vecho, desconociendo lo que va a ocurrir después. Deliciosa ambigüedad... Puede que nunca llegue a ser capaz de dominar el miedo y el pánico, pero he aprendido a decidir cómo voy a vivir cada día».[4] Murió en 1986.

Los familiares a menudo luchan contra la ambigüedad incluso durante más tiempo que el paciente, porque los que se quedan atrás deben seguir dando algún sentido a su pérdida. Su cometido es arriesgarse a avanzar en la niebla. Poco a poco, recuperan algo de la sensación de dominio y son capaces de tomar decisiones y actuar. Es común que hagan algo adrede con el fin de darle un sentido a su pérdida trágica. El marido de Radner, el actor Gene Wilder, creó en Nueva York el Club Gilda, una comunidad de apoyo para los pacientes de cáncer y sus familias.

Al igual que Wilder, muchos cónyuges y familiares encuentran el apoyo y la información que tan desesperadamente necesitan participando en grupos de personas que están sufriendo también su misma pérdida. Pero los grupos de apoyo no son la única fuente de optimismo. Las estrategias para hacerle frente al problema varían con cada persona. Algunas encuentran esperanza en la religión, otras en el arte; todavía otras consideran que los sacerdotes, los rabinos, los ministros, los chamanes, y hasta los artistas no hacen más que mantener la ilusión y persuadirnos de que «la esperanza está ahí adelante».[5] Lo que importa es que los terapeutas, los amigos y los miembros de la comunidad reconozcan que los que sufren una pérdida ambigua tienen su propio y personal modo de funcionar entre las contradicciones gritantes de la ausencia y la presencia de un ser querido. Nuestro trabajo es apoyarlos en sus esfuerzos por encontrarle un sentido a su pérdida (desde que sean seguras las soluciones que descubran), sin que importe a dónde llevarán.

4 G. Radner, *It's Always Something*, Nueva York, Avon Books, 1989, pp. 267-268. «Deliciosa ambigüedad» es una expresión que la líder del grupo de apoyo, Joanna Bull, utilizaba con los pacientes de cáncer del Wellness Center de Santa Monica.

5 S. Fisher y R. L. Fisher, *The Psychology of Adaptation to Absurdity*, Hillsdale, N. J., Lawrence Erlbaum Associates, 1993, p. 183. Véase también D. Brissett y C. Edgley, *Life As Theater*, Chicago, Aldine Pub. Co., 1975, p. 107.

Podemos aprender a enfrentarnos a la incertidumbre prestando atención a las contradicciones cotidianas de la vida familiar, al igual que con las graves contradicciones de las enfermedades catastróficas y los acontecimientos traumáticos. Si nos sentimos cómodos con las pérdidas ambiguas del día a día, eso ayudará a que estemos preparados para una ambigüedad más seria. Muchos de nosotros, por ejemplo, tratamos con la ambigüedad y la ambivalencia en esa frontera cada vez más difusa que existe entre mantener a la familia o cuidarla. Cuando un padre o una madre hace equilibrios entre las necesidades del trabajo y de la familia, está ausente y presente a un tiempo para los hijos. Esa confusión puede ser especialmente estresante en las fechas de las celebraciones familiares importantes.

La miembro del Congreso Patricia Schroeder, que crio a dos hijos mientras hacía parte de la Cámara de Representantes de Estados Unidos, explicó cómo transformaba una ambigüedad negativa en una positiva, fundiendo la realidad de su vida privada con la de la pública para la fiesta de cumpleaños de su hijo. «La institución tiende a elegir como dirigentes a personas que no tienen vida privada, y que de hecho no saben lo que significa una familia», explicó. Schroeder dijo al portavoz Tip O'Neil: «Puedes retenernos hasta tarde, pero yo me quedo con tu salón y le dices a la policía del Capitolio que cuando llegue un payaso y diez niños de cinco años, que esté preparada». El portavoz estuvo de acuerdo, y el cumpleaños del hijo de Schroeder tuvo lugar en el salón de aquel. A pesar de una vida política caótica, esa madre transformó la ambigüedad de la presencia y la ausencia de tal modo que beneficiaba a sus hijos y, al mismo tiempo, no afectaba a su trabajo. No se sacrificaron los ritos familiares a causa de las exigencias del trabajo materno. La celebración cambió de sitio, pero aun así tuvo lugar y ella estaba presente en la fiesta. En ese caso, se modificó con creatividad la ambigüedad, que pasó a ser una experiencia positiva.[6]

6 R. Toner, *New York Times*, nueve de febrero de 1996, sección A, p. 24, columna l.

Los padres ausentes y atareados no son la única fuente de pérdidas ambiguas en la vida cotidiana. La tecnología sofisticada alarga hoy en día la vida tras una enfermedad o lesión cerebral; complica los nacimientos al aumentar la presencia de padres fantasmas como consecuencia de la inseminación artificial, la concepción en tubos de ensayo y las madres de alquiler. También las familias adoptivas están en aumento, y la familia extensa, que durante largo tiempo fue la favorita de los inmigrantes y los que migran por razones económicas, se está volviendo más corriente ahora en los hogares de clase media cuando ambos padres trabajan fuera y los hijos adultos no terminan de marcharse.

Algunas veces, el predominio de la ambigüedad en la vida contemporánea puede resultar divertido, y alcanza incluso la vida espiritual de las personas. En el cementerio Yokohma Chuo de Tokio, un sacerdote budista mecánico, que pestañea y mueve la boca como un robot, canta ahora *sutras* todas las mañanas por los que se han muerto recientemente. La cuestión es: ¿está el sacerdote presente o ausente?

Aunque nuestro anhelo de certeza es normal, también lo es no lograrlo nunca. A medida que la tecnología imita cada vez más a la vida, la concibe o la extiende, que las rupturas familiares aumentan y que el trabajo cotidiano y la vida familiar confunden continuamente la presencia y la ausencia, el fenómeno de la pérdida ambigua en las familias crecerá de forma importante, por lo que será todavía más crucial que aprendamos a vivir lo más positivamente posible con el estrés de no saber. Al fin y al cabo, lo que hace falta no es la claridad absoluta, sino el reconocimiento de las pérdidas ambiguas.

Hasta cierto punto, todos luchamos con la paradoja de los lazos humanos: los ausentes como presentes y los presentes como ausentes. Hoy en día, se espera cada vez más de la gente que cuide a sus seres queridos que se están muriendo lentamente. De otros, se espera que cuiden de sí mismos cuando sus familiares han desaparecido a causa de terremotos, inundaciones, volcanes, incendios o predadores sin que se hayan encontrado sus cuerpos. En esos casos, el duelo no se puede resolver de la forma usual, y a menos que nos enfrentemos a la pérdida, el anhelo habitual por los seres queridos que, por cualquier razón, se encuentran inalcanzables, nos domina la vida y nos impide seguir adelante.

Y eso me lleva a completar el círculo. Mi tarea como investigadora y terapeuta de familia es ayudar a los individuos, las parejas y las familias a lidiar con el estrés de vivir con una pérdida ambigua. Mientras hacía ese trabajo, no pude evitar reflexionar sobre mi propia familia. Empecé a ver con más claridad mis experiencias personales. A mitad del verano de 1990, viajé hasta mi pueblo natal al sur de Wisconsin para estar con mi maravilloso y anciano padre, que se estaba muriendo. Su cuerpo se había gastado, sencillamente, pero su mente estaba tan clara como de costumbre. Siempre habíamos mantenido buenas discusiones, y lo mismo pasaba ahora en el hospital. Hablamos de la caída del muro de Berlín y de otros asuntos de los noticiarios, como la quema de banderas. Y hablamos sobre la muerte, su muerte. Dijo que había tenido una buena vida y que estaba preparado para morir. Me pidió que cuidara de mi madre y que no le olvidara. No me resultó difícil prometer ambas cosas.

Como la enfermera dijo que esa noche la condición de mi padre era estable, salí del hospital sabiendo que teníamos un poco más de tiempo. Dormí en la casa tan ordenada de mi madre, bajo una colcha hecha con miles de puntos por las agujas de mi abuela Elsbeth. El hilo formaba una extensión de flores y hojas esculpidas en un rico color marfileño, la coronación de sus proyectos de labores de punto, una actividad que un sabio médico rural le prescribió como terapia para su añoranza de la tierra natal. Él había visto a tantos inmigrantes suizos en la comunidad con enfermedades somáticas y depresiones que empezó lo que hoy en día llamaríamos un grupo psicoeducacional.[7] El recién encontrado proyecto de Elsbeth pronto dio sentido a sus días. No solo se le daban bien las agujas, sino que el tacto del hilo la hacía sentirse vinculada con su casa de Suiza, donde había trabajado en una fábrica textil. Mientras estuve

7 J. Schindler, *How to Live 365 Days a Year*, Englewood Cliffs, N. J. Prentice-Hall, Inc., 1954.

tumbada bajo ese símbolo de la «terapia» de mi abuela para su nostalgia y su pérdida ambigua, me mantuve abrigada en aquellas noches de ansiedad en las que aguardaba la muerte de mi padre.

Él todavía duró algunos meses más, pero era realista sobre su situación. «Me puedo morir en cualquier momento. Eso es la vida a mi edad», dijo. Pero luego añadió, con un ligero guiño: «Me acaban de asignar una doctora. Solo con mirarla ya me siento mejor». Yo también sonreí. En ese momento, era otra vez el padre que yo había conocido, el artista con un ojo siempre puesto en la belleza.

El corazón de mi padre falló a finales de octubre, justo antes de su octogésimo séptimo cumpleaños. Su muerte fue lo que los especialistas denominan «normativa», o sea, la que ocurre a una edad avanzada, cuando sería de esperar. No obstante, yo no olvidaré la angustia de esos últimos meses. Él estaba allí, y yo podía tocarlo, pero era obvio que se marchaba. Sombras grises, pensé. Nada estaba claro. Supe entonces que existía un cierto grado de ambigüedad incluso en una muerte esperada que llega en su momento. Y, por primera vez, sentí personalmente el lado positivo de la pérdida ambigua: me dio tiempo para despedirme. No todas las muertes lo permiten.

El dilema de todos nosotros es llevar claridad a una situación ambigua. Si eso falla, y lo hará en la mayor parte de los casos, la pregunta crucial es cómo vivir con una pérdida ambigua. La respuesta será diferente para cada uno de nosotros. Pero las respuestas son menos importantes que las preguntas.

Herder Editorial se declara a disposición de la traductora,
a la que nos ha sido imposible localizar.